D1722277

Tamara Wernli

**«…Sexualität ist wie Essen und Trinken,
das tut man auch jeden Tag…»**
Jacques Herzog

Impressum

«…Sexualität ist wie Essen und Trinken,
das tut man auch jeden Tag…» / Tamara Wernli
Basel: Spalentor Verlag AG, 2004
ISBN 3-908142-16-4

© 2004 by Spalentor Verlag AG, Basel

Gestaltung, Realisation und Produktion:
Spalentor Verlag AG, Basel
Foto Titelseite: © Jacques Lévesque, Altkirch
Foto Umschlagklappe: © Onorio Mansutti, Basel
Fotos Innenseiten: © Telebasel

Tamara Wernli

«...*Sexualität ist wie Essen und Trinken, das tut man auch jeden Tag...*»

(Jacques Herzog)

Ein Blick hinter die Kulissen der Sendung CinéBâle.
Mit Christian Gross, Sir Peter Ustinov, Anita Fetz,
Viktor Giacobbo und vielen mehr...

SPALENTOR VERLAG
DER BASLER VERLAG

Liebe Leserinnen, liebe Leser

oftmals werde ich gefragt, was denn eigentlich hinter den Kulissen von CinéBâle abgeht, wenn das Interview beendet und die Kameras ausgeschaltet sind.

Hat Christian Gross mit mir geflirtet? War Janina Martig zickig? Hat mich Arthur Cohn nach Hollywood eingeladen? Wer war mein Lieblingsgast? Welchen Gast konnte ich gar nicht leiden? Hatte ich mich je in einen meiner Gäste verliebt? (Besonders eine von Männern gerne gestellte Frage.) Welcher der beiden Yakins gefiel mir besser? Warum hatte mir Anita Fetz das ‹Du› angeboten? Wollte jemand mit mir ausgehen? Hat es jemand bereut, in die Sendung gekommen zu sein? Schämte ich mich nach dem Interview mit Viktor Giacobbo?

Ich musste dann jeweils schmunzeln, denn zu vielen dieser Fragen habe ich nicht nur eine Antwort, sondern auch lustige Anekdoten zu erzählen, welche nie den Weg in eine Sendung gefunden haben. Ich möchte diese mit Ihnen teilen; deshalb habe ich sie in einem Buch niedergeschrieben. Leider konnte ich nicht alle Personen in meine Erzählung einbringen; da Buch wäre sonst zur ‹Unendlichen Geschichte› geworden.

CinéBâle's Zeit ist nach über fünf Jahren und mehr als 100 Interviews abgelaufen; ich hatte mir immer vorgenommen, niemanden zweimal einzuladen und damit aufzuhören, bevor die Fragen langweilig wurden oder sich wiederholten. Obwohl es meine Entscheidung war loszulassen, bin ich doch traurig, denn es war mein ‹Baby›. Ich hatte es damals aus dem Boden gestampft und mit viel Liebe und Freude auf den Weg geschickt, sich in Basel einen Namen zu machen, was mir gelungen ist. Durchschnittlich wurde eine Sendung von zirka 110'000 Zuschauern gesehen, was sie zum meist gesehenen Magazin auf Telebasel machte. Dafür, liebe Zuschauerrinnen und Zuschauer, danke ich Ihnen. Ohne Sie wären die fünf tollen Jahre und die Erfahrungen, die ich damit sammeln durfte, nicht möglich gewesen.

Ich werde mich nun neuen Projekten widmen und hoffe, dass Sie auch weiterhin zu meinen Zuschauern, und nun auch zu meinen Leserinnen und Lesern gehören werden.

Tamara Wernli

Vorwort

«Wie ist das mit Fräulein Meier gewesen?"
Das haben dann alle Leute gelesen.
Die Sache? Interessiert in Paris und in
Bentschen keinen Menschen.
Dieweil, lieber Freund, zu jeder Frist
die Hauptsache das Persönliche ist.»

Dieses Wort ist nicht neu. Aber es klingt aktueller denn je, wenn man vom Unwort ‹Fräulein› einmal absehen will. Geschrieben hat das Kurt Tucholsky im Jahr 1931. Und vielleicht hatte er Recht.

Wir wissen heute viel, das damals nicht zur Allgemeinbildung gehörte. Aber wir können uns nicht genügend vorstellen, was die Menschen im 18., im 19. oder zu Beginn des 20. Jahrhunderts gefühlt haben. Welche Düfte sie genossen und welche sie verabscheut haben.

Wir wissen nicht, was Frauen in der Schweiz gefühlt haben bei den ersten Plänen zur Einführung des Frauenstimmrechts und was bei der ersten Ablehnung. Wir wissen zu wenig über die Gefühle der älteren Generation, als sie nach 1925 noch 20 Jahre auf die Verwirklichung der AHV warten musste. Wir wissen von diesem Persönlichen sehr, sehr wenig. Das ist schade.

Wer Themen personalisiert, ist damit nicht immer den Personen und auch nicht immer der Sache dienlich. Aber bei aller Kritik am Drang zur Personalisierung: Er hat den einen oder anderen Vorteil. Einer dieser Vorteile ist die Momentaufnahme einer Epoche, einer Religion, einer sozialen Schicht. Wenn eine solche Momentaufnahme gelingt, dann erlaubt sie einen Einblick in das Persönliche dieser Zeit. Und auf ihre Art lässt eine solche Momentaufnahme auch Rückschlüsse zu auf die Sache selbst.

Die Sache: Das war bei Tamara Wernli der Kinofilm, also ein Kultur-, Kult-, Kunst-, manchmal auch Kitsch- und Kommerz-, immer aber auch Konsumgut gleichermassen. Die Sache – sie war immer auch gespiegelt im Persönlichen der Gäste von Tamara Wernli.

Sowohl als Gast wie auch als gelegentliche Zuschauerin habe ich gestaunt, mit welcher instinktiven Treffsicherheit und entwaffnender Direktheit Tamara Wernli ihren Gästen spannende und überraschende Aussagen ‹entlockt› hat. Dies ist nur möglich, weil man als Gast spürt, dass hier eine Journalistin fragt, welche die Menschen respektiert – so wie sie sind: sehr verschieden, mit Stärken und Schwächen, mit Lust und Frust, mit Power und Unsicherheit, mit Erfolgen und Niederlagen – auch wenn sie sogenannte ‹Promis› sind.

Die Beiträge dieses Buches dokumentieren ausgewählte Sendungen von ‹CinéBâle›. Sie dürfen für sich in Anspruch nehmen, einige aufschlussreiche Entdeckungen zu ermöglichen.

Ich wünsche der Leserin und dem Leser viel Vergnügen beim Abstecher in diese Basler Momentaufnahme.

Anita Fetz, Ständerätin Basel-Stadt

Inhalt

Christian Gross
Trainer FC Basel

«Eine Frau an Ihrer Seite ist wohl in einer etwas schwierigen Situation: Wenn Sie nach einigen Jahren den Verein wechseln und weiterziehen, würde die Partnerin unter Umständen zurückbleiben. Wenn sich also eine Frau in Sie verliebt, sollte sie dann vorsichtig sein...?»

«Vorsichtig? Nein, überhaupt nicht. Ich kann vieles geben, wobei es immer darauf ankommt, was man gemeinsam erreichen möchte. Ich bin offen und ehrlich, kann lustig sein und möchte die schönen Seiten des Lebens auch geniessen.»

«Einer Frau wegen würden Sie den Fussball jedoch nicht zurückstellen....?»

«Das ist eine Frage, die Sie mir zum jetzigen Zeitpunkt zu früh stellen. Ich bin immer noch am Aufbau meiner Karriere. Ich glaube, oft besteht der Sinn einer Beziehung auch darin, dass man versucht, auf den Lebensabend hin einen Partner zu finden, mit dem man die schönen Stunden noch gemeinsam erleben kann.»

Aller Anfang ist schwer. So auch der Anfang von Ciné-Bâle. Nach einigen Monaten, in denen ich bei Telebasel das Nachrichtenmagazin ‹7vor7› moderiert hatte, suchte ich nach einer neuen Herausforderung, wollte mich selbständiger beim Sender einbringen. Ich hatte die Idee eines Kinomagazins mit Interviews von prominenten Baslerinnen und Baslern.

Nach einer Besprechung mit dem Chefredaktor und Geschäftsführer Willy Surbeck legte ich ihm das Konzept von ‹CinéBâle› vor: eine Talksendung, die auf Ausschnitten aktueller Kinofilme und einem Interview mit einer in der Region bekannten Person basiert. Als Befragte wollten wir hauptsächlich Promis von Basel und Umgebung, denn diese interessierten Telebasel-Zuschauer am meisten. Das Abstützen der Themen auf die Filmsequenzen legitimierte intime und persönliche Fragen und somit war das Konzept von CinéBâle einzigartig.

Ich war voller Enthusiasmus und mein Tatendrang wurde von Willy Surbeck unterstützt. Obwohl ich in der TV-Branche relativ neu war, hatte er an mich geglaubt – von Anfang an – und er war es, der mir damals die Chance gab, eine eigene Talkshow zu führen. An dieser Stelle ein grosses Dankeschön an Willy Surbeck.

Nachdem ich einen Sponsor zur finanziellen Unterstützung des Projektes an Land gezogen hatte, konnte es losgehen. Nun stellte sich die wichtige Frage, wen ich als ersten Gast einladen würde. Die erste Sendung war natürlich entscheidend; sie gab den Startschuss und legte die Bahn frei für Erfolg oder Misserfolg des Magazins. Die erste Ausgabe sollte das Interesse der Zuschauer wecken – mehr noch, sie begeistern – damit es sich herumspricht und möglichst viele Leute einschalten würden.

Wer also war der geeignetste Kandidat? In der Region bestens bekannt sollte er sein, erfolgreich, beliebt, eine Persönlichkeit… und jemand, von dem man unbedingt mehr erfahren wollte, besonders was die private Seite angeht.

Ich benötigte keine fünf Minuten, um die perfekte Person für diesen Job zu finden: Christian Gross, Trainer des FC Basel und zu dieser Zeit (wie auch heute noch) äusserst populär, da er gerade ein Angebot als Trainer der Schweizer Fussballnati zu Gunsten des FC Basel abgelehnt hatte.

Nervös war ich schon, als ich den Telefonhörer in die Hand nahm, um diesen ‹grossen› Mann in meine erste, völlig unbekannte Sendung einzuladen. Wahrscheinlich hatte er noch nie von einer Tamara Wernli gehört, war sowieso mit Terminen oder Spielen ausgelastet und nicht wirklich darauf erpicht, in einer Talksendung des Lokalfernsehens über sein Privatleben zu plaudern.

Ich versuchte mein Glück trotzdem, er konnte schliesslich nur ‹Nein› sagen, das würde ich einstecken können.

Umso mehr war ich erstaunt, wie freundlich und interessiert er mir zuhörte, als ich mein Anliegen vortrug, und meiner Einladung zum Interview ohne Zögern zusagte. Da er noch nicht lange in der Region lebte und bei sich zu Hause kein Kabelfernsehen empfangen konnte, wusste er wie erwartet nicht, wer ich war. Weder dies noch die Tatsache, dass CinéBâle neu und er ‹e ganz klai weeneli› ein Versuchskaninchen war, schien ihm etwas auszumachen. Er brauchte auch nicht lange nach einem Termin zu suchen, bat mich nicht um einen Rückruf, er sagte einfach auf der Stelle zu. Ich war erschrocken, wie einfach das ging.

So war also Christian Gross mein erster Gast und er hatte mir zum Start viel Glück gebracht. Auch ein dickes Merci an Christian Gross.

Es war natürlich – des Scheinwerferlichtes wegen – recht warm im Studio. Aber ob tatsächlich die Lampen oder die Fragen ihn hatten in Schweiss ausbrechen lassen, weiss ich nicht. Während des Interviews hatten wir mehrmals unterbrechen müssen, damit seine nasse Stirn und sein heisses Gesicht mit einem kühlen Tuch abgetupft werden konnten.

Später hatte er mir gesagt, es seien schon happige Fragen gewesen, auf die er normalerweise nicht antworten würde. Interviews über sein Privatleben lehne er kategorisch ab. Aber da es meine erste Sendung war und er das Konzept toll fand, war er gerne mit von der Partie gewesen.

«Bei CinéBâle, zum ersten Mal, es war die Qual!» hatte er danach in mein Gästebuch geschrieben. Eine solch' grosse Qual konnte es nicht gewesen sein; zwei Jahre später, als ich die gleiche Art von Interviews bei der Gratiszeitung ‹Baslerstab› zu publizieren begann, war Christian Gross erneut bereit, die Serie wiederum mit ihm zu starten… und mit einer ganzen Reihe persönlicher Fragen.

«Und erzähl, wie ist er so?!» und «Hat er dich zum Café eingeladen?», wollten viele von mir wissen. «Hat er mit dir geflirtet?» «Na sag', wie findest du ihn????»

Ich musste lachen, denn ich hatte keine Ahnung, wieso mir solche Fragen gestellt wurden. Anscheinend wussten die Leute mehr als ich.

Ob wir uns zum Café oder zur Cola getroffen hatten, daran kann ich mich nicht mehr erinnern. Er war nicht nur freundlich, sondern auch charmant, eine aussergewöhnliche Persönlichkeit. Geflirtet hatte er nicht, ich finde ihn super und schliesslich ist daraus eine langjährige Freundschaft entstanden. Ah, und er kocht leckere Spaghetti.

Wer weiss, vielleicht wird Christian Gross wieder einmal der erste sein, wenn es um ein neues Projekt von mir geht…

Der Auftakt von CinéBâle war gelungen.

Für Tamara,

Bei ein'Stille
zum ersten Mal,
es war die Qual!?

Tausend liebe
Gedanken

[signature]
19/1/2000

Jörg Schild
Regierungsrat

«Im Film wird eine Frau geschlagen. Ist Ihnen auch schon mal die Hand ausgerutscht?»

«Da darf ich sagen, nein. Das finde ich etwas vom Widerlichsten, wenn ein Mann eine Frau schlägt.»

«Umgekehrt ist es okay, wenn die Frau den Mann schlägt?»

«Sehr wahrscheinlich hätte ich für die Gegenseite mehr Verständnis. Ich finde, die körperliche Überlegenheit muss man nicht mit körperlicher Gewalt ausdrücken.»

«Haben Sie schon mal einen Joint geraucht?»

«Nein, ich muss Sie enttäuschen. Aber ich bilde mir nichts darauf ein. Ich hatte das Glück, dass die Freizeit in meiner Jugend mit Sport ausgefüllt war. Und ich hatte in Liestal gewohnt, aber ich behaupte nicht, dass es gleich verlaufen wäre in einer grösseren Stadt.»

«Geniessen Sie es, Macht zu haben?»

«Ich finde Macht hat einen negativen Touch. Ich stehe dazu, dass ich manchmal gerne ein Alphatierchen bin und zu sagen pflege, wo es lang geht. Aber das ist nicht unbedingt das Gefühl von Macht.»

Auch in der zweiten Sendung konnte ich einen kleinen Coup verbuchen: Der populäre Basler Regierungsrat und Polizeidirektor Jörg Schild hatte mir eine Zusage erteilt. Über dieses Interview wird heute noch geredet, und noch immer werde ich auf der Strasse von Leuten darauf angesprochen.

Es hatte polarisiert und heftige Reaktionen ausgelöst. Die Wellen schwappten sogar bis in den Stiftungsrat der BALCAB über, deren Trägerschaft Telebasel angehört. Die

Ratsmitglieder hatten darüber debattiert, ob eine solche Frageführung für den Sender zulässig sei. Einige Exponenten hatten die Meinung vertreten, dass es zu indiskret sei und dem Stadtkanal schaden würde. Und wer Tamara Wernli überhaupt die Erlaubnis für solch intime Fragen erteilt habe. Und wo denn ihr Gewissen bleibe, wenn sie so unsensibel in das Privatleben anderer Menschen eindringe.

Grund für den Emotionsausbruch lieferten Fragen wie «Herr Schild, haben Sie schon einmal einen Joint geraucht?» «Haben Sie schon einmal eine Frau geschlagen?» oder «Würden Sie es kategorisch ablehnen oder könnten Sie es je in Betracht ziehen, eine Prostituierte zu besuchen?»

Ich gebe zu, die Fragen waren provozierend... und sehr persönlich. Jedoch waren sie nicht aus der Luft gegriffen, sondern zu hundert Prozent auf die Filmsequenzen des Thrillers gestützt, welchen ich Minuten zuvor mit Herrn Schild im Kino angesehen hatte: ‹The Million Dollar Hotel›, ein Film von Wim Wenders mit Mel Gibson in der Hauptrolle. Die Filmszenen zeigten Drogenhandel, Drogengebrauch und Einblicke ins Rotlicht-Milieu.

Da Jörg Schild vor seiner Zeit als Regierungsrat Drogenfahnder der Basler Polizei gewesen war, passte er ausgezeichnet zum Thema, und wusste sicher auch einiges darüber zu erzählen. Natürlich wurde er vorab über das Sende-Konzept informiert.

Es stand jedem Gast frei, eine Antwort zu verweigern, was auch nicht tragisch war, denn die Sendung wurde aufgezeichnet und nicht live ausgestrahlt. «Frau Wernli, über dies möchte ich hier nicht reden» oder «Da möchte ich nicht ins Detail gehen» war zwar nicht oft, aber schon mal vorgekommen.

Tamara Vernli, welche
einem Auswarten entlockt,
auf die andere Frauen
während Jahren warten....

Herzlich
Jörg Schild.

30. 03. 2000

Ich weiss nicht, ob mich Jörg Schild seit diesem Tag eine unverschämte Person findet und sich vorgenommen hat, mir nie mehr ein Interview zu geben. Ich habe ihn bisher nicht gefragt, aber ich hoffe es nicht.

Es war die meistgesehene CinéBâle-Sendung dieser fünf Jahre gewesen. Die Reaktionen der Zuschauer fielen äusserst positiv aus, ich vernahm jedoch, dass im Ausschuss der Trägerschaft von Telebasel gegen die Fragen an Jörg Schild protestiert wurde. Dies sei gravierend, sagte mir Willy Surbeck, da der Stiftungsausschuss sehr zurückhaltend sei mit Intervenieren im Programmbereich.

Die zahlreichen Zuschauer-Mails aber bewiesen, dass der Regierungsrat – trotz, oder eben wegen seinen ehrlichen Antworten – in den Augen der Basler Bevölkerung an Popularität hinzugewonnen hatte. «Coole Sendung!», «gute Fragen!», «spannendes Interview», «interessante Antworten» waren nur einige Bemerkungen gewesen, die mir geschrieben wurden.

Die gespannte Atmosphäre rund um das Interview hatte sich dann wieder gelegt und ich durfte auch weiterhin meine Fragen stellen.

Nubya
Sängerin

«Wie müsste Dein Traummann sein?»

«Eins neunzig, schwarze Haare, blaue Augen.... Nein ich weiss es nicht, das Äussere ist eigentlich total Wurst. Man muss mit ihm lachen können, er muss Verständnis haben für meine Person, ich Verständnis für seine. Er muss mir passen und ich ihm, und.... der Kick muss da sein.»

«Hast Du schon viele Männer in deinem Leben erobert?»

«Wie meinst Du das genau?» (schmunzelt)

«Dass sie Dir auf die eine oder andere Art verfallen sind....»

«Ich weiss es gar nicht, ich zähle sie nicht, aber sicher nicht viel weniger als Du...» (schallendes Gelächter beiderseits)

«Sprechen Dich Leute manchmal auf Deinen Sexappeal an?»

«Eigentlich nicht. Ich bin recht gross und ich glaube, Männer trauen sich deshalb gar nicht, zu viel zu sagen.»

Weniger Drama hatte das Gespräch mit Nubya ausgelöst. Schlagfertig, spontan, sympathisch und lustig: Das war mein erster und bleibender Eindruck der Basler Sängerin gewesen.

Schon das Vorgespräch war witzig verlaufen. Statt des Üblichen «wann kommt Deine nächste CD heraus?» oder «wann ist Dein nächster Auftritt?» wälzten wir den letzten Klatsch der Basler Promiszene durch, wer mit wem, wer nicht mehr, wer wieder und wer gar nicht. Ich war überrascht, wie gut sie unterrichtet war und konnte somit meine Informationslücken wieder auf den neusten Stand brin-

gen. Leider habe ich die Details vergessen, sonst würde ich sie Ihnen natürlich erzählen...

Da wir einen guten Draht zueinander hatten, planten wir, einmal gemeinsam auszugehen, zum Tanzen vielleicht. Da Nubya sich aus beruflichen Gründen selten in Basel aufhält, ist daraus leider nie etwas geworden. Es wäre bestimmt witzig gewesen, mit der glamourösen Sängerin in die Disco zu gehen.

Am Anfang der Sendung hatte ich Nubya gebeten, a cappella ein kurzes Lied anzustimmen, das wir für den Trailer benutzen konnten. Sie war sofort einverstanden und ging ihr Repertoire nach einem passenden Song durch.

Als sie soweit war und wir bereit zum Drehen, zählte der Regisseur ab «fünf, vier, drei, zwei, eins und... Top!» worauf sie ihren Einsatz gab. Die Stimme klang weich, die Melodie war hübsch, nach zehn Sekunden jedoch war plötzlich Stille. Sie hatte aufgehört zu singen.

«Oh nein! Ich habe total den Text vergessen!» Sie blickte mich ungläubig und mit weitaufgerissenen Augen an.

«Macht doch nichts! Wir beginnen einfach nochmals...» erwiderte ich lachend. Auch Nubya musste nun lachen, obwohl ihr Gesicht das Gegenteil ausdrückte. Verständnislos schüttelte sie den Kopf. «Das gibt es doch nicht! Das ist mir noch nie passiert, dass ich einfach den Text vergesse!» Sie konnte es noch immer nicht fassen. Nach einer Minute konzentrierten Schweigens schluckte sie trocken, räusperte sich und ging nochmals die Zeilen durch, wobei sie starr zur Decke blickte und die Worte laut aussprach.

Das war ein komisches Bild: Nubya, wie sie nach ihrem Text suchte, als hoffte sie, die Worte würden vom Himmel fallen. Zwei Versuche und mehrere Räusperer später hatte sie sich gefangen und ihr Lied wunderschön vorgesungen.

Heinz Margot
Moderator

«Im TV-Geschäft kommt es auch auf das Aussehen an. Würdest Du Dich als attraktiv bezeichnen?»

«Mmmhhh, ich glaube nicht, ganz hässlich zu sein, aber ich kaue Fingernägel und habe schiefe Zähne. Ein gewisser Charakter zeigt sich jedoch schon im Äusseren. Findest Du mich attraktiv?»

«Ich finde Dich nicht unattraktiv.»

(lacht) «Eben, das hätte ich auch gesagt!»

«Die Sendung Megaherz auf SF DRS, welche Du moderierst, kommt brav, nett und stromlinienförmig daher. Entspricht das Deinem Charakter?»

«Die Sendung ist natürlich nicht so. Es ist eine der wenigen in der Schweiz, in der Heavy Metall läuft oder Sting....»

«Sting ist nett für die ganze Familie...»

«Das ist auch die Meinung davon, wir machen ja eine Unterhaltungssendung, welche die ganze Familie ansprechen soll.»

«Deshalb meine ich ja brav und nett...»

«Okay, Du willst einfach, dass es nett und brav ist, aber in erster Linie ist es erfolgreich. Wenn das mit sich bringt, dass man nicht ins Extreme geht, dann ist es halt stromlinienförmig. Die Sendung ist ein Teil von mir und deshalb muss mein Charakter darin teilhaben.»

Ein CinéBâle-Gast, mit dem die Chemie nicht ganz stimmte – das war zumindest mein Gefühl – war Heinz Margot.

Schon die Einladung zur Sendung war alles andere als sanft verlaufen. Seit geraumer Zeit wollte ich den Moderator neben mir auf dem Barhocker sitzen sehen, hatte jedoch nie den passenden Film für ihn gefunden.

Nun war es soweit, die Gelegenheit war endlich da, nur besass ich weder Telefonnummer noch Adresse, um Heinz Margot zu erreichen. Normalerweise schlage ich die Nummern im Telefonbuch oder Twixtel nach, aber viele sogenannte ‹Promis› lassen sich nicht eintragen. In diesem Fall wandte ich mich an meine Kollegen, irgendein Reporter hatte sicher schon Kontakt zu meinem Wunschgast gehabt.

Bei Heinz Margot liess sich jedoch niemand finden, der mir weiterhelfen konnte. Also klopfte ich bei Big Boss Willy Surbeck an. Wenn es eine Person auf dieser Welt gab, die sämtliche Nummern, Geheimnummern, Adressen, Privatadressen, Ferienadressen, Geschichten, Hintergrundgeschichten, Gerüchte und Geheimnisse der Basler VIP-Szene kannte, dann war dies Willy Surbeck. Er ist ein wandelndes Lexikon.

Meinem Anliegen folgend zückte er seinen immer bei sich tragenden Laptop (manche fragen sich, ob das Ding an ihm angewachsen ist, denn man sieht ihn kaum ohne), hackte auf die Tastatur ein und nannte mir in Kürze und mit sichtlichem Stolz die gewünschte Handynummer.

Glücklich setzte ich mich ans Telefon, um Heinz Margot die frohe Botschaft seines CinéBâle-Besuches mitzuteilen. Ich liess es einmal, zweimal, dreimal.... viermal klingeln, ohne dass abgenommen wurde. Es setzte auch keine Combox ein, auf der ich die Einladung hätte platzieren können. Ich musste ihn aber unbedingt heute noch erreichen, denn der Termin drängte. So liess ich es hartnäckig weiterklingeln, bis schliesslich eine genervte Stimme am anderen Ende in den Hörer schnauzte:

«Ja?????!!!»

Er hatte natürlich keine Ahnung, dass das Fernsehen am Apparat war, sonst hätte er sich vielleicht anders gemeldet... vielleicht. Durch den aggressiven Ton eingeschüchtert, wollte ich den Hörer am liebsten gleich wieder aufhängen. Dann besann ich mich aber anders, denn ich brauchte ihn ja als Gast. Ich stellte mich artig vor und fragte, ob ich ihn gerade störte.

«Ja, das tun Sie», antwortete er, «ich bin gerade in einem Laden und kaufe ein.» Ach so, wenn's weiter nichts war.

«Und woher haben Sie überhaupt diese Nummer?!!»
Ich erklärte es ihm.

«Und was wollen Sie?» wollte er nun wissen. Daraufhin trug ich mein Standard-Sprüchlein vor:

«Ich leite und moderiere eine Talksendung auf Telebasel. Ich zeige dabei Filmausschnitte und führe mit dem Gast ein persönliches Gespräch, um dem Zuschauer seine zweite Seite etwas näher zu bringen. Diesmal geht es um eine Komödie mit Ben Stiller in der Hauptrolle und ich fand, sie würden hervorragend dazu passen....» und so weiter. Zum Glück hatte Heinz Margot CinéBâle schon gesehen, so musste ich ihm den Ablauf nicht noch im Detail erklären. Ich hatte keine Lust, länger als nötig mit ihm an der Strippe zu bleiben. Natürlich hatte er seine Agenda beim Einkaufen nicht mit dabei und konnte mir deshalb keinen definitiven Bescheid geben, eine Zusage hatte ich jedoch erhalten.

«Rufen Sie mich morgen nochmals an, auf Wiederhören.» Klar, mach ich doch.

Heinz Margot sass nun also auf dem Hocker zwischen den CinéBâle-Wänden und ich hatte das Gefühl, dass er angespann und gereizt war. Ob es am Telefonat oder an den Fragen gelegen hatte – keine Ahnung. Vielleicht mochte er die Moderatorin einfach nicht, das soll es ja geben.

Professionell wie er war, liess er sich gegen aussen hin nichts anmerken und ich hoffte, dass seine Irritiertheit nicht zum Zuschauer durchsickerte. Er beantwortete, was ich wissen wollte, scherzte zum Teil und rettete dadurch die Situation, falls sie überhaupt gerettet werden musste.

Als wir nach dem Gespräch in der Cafeteria etwas tranken und ich ihn fragte, ob es für ihn okay gewesen sei, meinte er:

«Klar, du machst das tiptop. Es gab einige recht persönliche Passagen, aber es war okay für mich.» Hatte ich mir alles bloss eingebildet?

Ich war froh als die Sendung im Kasten war und ich habe es mir seither angewöhnt, bei Telefonaten spätestens nach dem fünften Klingeln aufzulegen.

Caroline Rasser
Theaterdirektorin, Schauspielerin

«Was ist Deine ultimative Angst?»

«Ich glaube nicht, dass ich ein sehr ängstlicher Mensch bin, da bin ich auch froh. Aber als Mutter habe ich natürlich immer Angst, dass meinem Töchterchen etwas passieren könnte, das gehört wohl zum Muttersein. Ich habe auch Angst vor unheilbaren Krankheiten, aber das sind keine Ängste, die mein Leben dominieren, zum Glück nicht.»

«Caroline Rasser und Jodie Foster; beides junge, erfolgreiche Frauen. Hast Du je von einer Hollywood-Karriere geträumt?»

«Welch lustiger Vergleich, den hat noch niemand gemacht, vielen Dank! Hollywood war nie ein Traum für mich. Als ich Schauspielerin werden wollte, habe ich einfach gehofft, Arbeit zu bekommen, die mich befriedigt und bis jetzt hat es auch schön funktioniert.

«Bist Du nicht ehrgeizig?»

«Ich glaube, Ambitionen und Ehrgeiz fehlt mir ein wenig für die ganz grossen Träume. Ich bin zufrieden, wenn ich am Morgen gerne zur Arbeit gehe und am Abend zufrieden nach Hause komme, dann ist es egal, wo und was genau das ist.»

Natürlich gab es Gäste, die mir vor der Sendung genau erklärten, über welche Themen sie nicht reden wollten oder welche Fragen ich nicht stellen durfte. Das fand ich völlig legitim. Oft werden bei Interviews die Fragen (und sogar die Antworten) vorher besprochen, um – gerade bei Live-Sendungen – Missverständnisse zu vermeiden oder um die Denkzeit zu verkürzen. Es gibt sogar Leute, die vorher den ganzen Fragenkatalog sehen wollen, um sich darauf vorzubereiten. Von Spontaneität kann da keine Rede mehr

sein, aber sich bei gewissen Themen eine Grenze zu stecken, war sicher nicht das Dümmste.

So war es bei Caroline Rasser. Ich war der Theaterdirektorin noch nie zuvor live begegnet und stellte fest, dass sie in Natura noch schöner war als auf den Fotos und im Fernsehen. Mit ihr ging ich denn auch die Fragen vor der Sendung durch, und sie klärte mich über ihre ‹Tabu-Bereiche› auf. Da das Motto von CinéBâle lautete, die zweite Seite des/der XY dem Zuschauer näher zu bringen, lag es natürlich nahe, mit dem Gast über Themen wie Familie, Liebe, Angst, Freude, Träume und dergleichen zu reden. Diese Abteilung liefert schliesslich den Stoff für über 90% aller Kinofilme. Boulevard-Journalismus hin oder her, Emotionen bewegen Leute nun einmal, und ich wollte den Zuschauer mit CinéBâle bewegen.

Ich stellte bald fest, dass Caroline Rasser eine routinierte Interviewgeberin war; in ihrem Leben als Schauspielerin hatte sie wohl schon manche Fragen beantwortet. Sie war sich bewusst gewesen, auf was sie sich mit CinéBâle einliess und deshalb stellte sie schon bei der Einladung die Regeln auf, unter welchen sie antreten würde. Ich respektierte dies, wahrscheinlich täte ich es selber genauso. Vielleicht würde ich eine solche Sendung sogar ablehnen, denn mein Privatleben gehört mir und ich wüsste auch nicht, warum die Leute über meine ‹zweite Seite› Bescheid wissen sollten. Andererseits machte es Spass, dem Zuschauer einen Bereich von sich zu öffnen, den er gar nicht vermutet hätte.

Ein Beispiel: Durch Briefe und Zuschauerreaktionen wusste ich, dass ich oft als kühle und toughe Powerfrau wahrgenommen wurde (tough = englisch für robuste, harte Person, die viel austeilen und auch einstecken kann). Als ich das zum ersten Mal hörte, musste ich laut lachen. Ich, tough und power?! Tough höchstens, wenn ich meinem Hund das Benehmen beibringe und Power vielleicht beim Tango tanzen. So, wie mich viele Zuschauer empfanden, fühlte ich mich überhaupt nicht.

Als ich einmal ein Interview vor Live-Publikum gab, überraschte es die Leute umso mehr, wie ich da über meine Unsicherheiten redete und Geschichten erzählte, die aufdeckten, dass ich gar nicht so stark war, wie manche meinten. Oder dass ich manchmal ungeduldig bin, mich ärgere und dabei meine Gefühle nicht ganz unter Kontrolle halten kann, wenn etwas nicht so läuft wie ich es gerne hätte. Und dass ich mich deswegen auch schon für meinen schroffen Ton entschuldigt hatte.

Ich hatte keine Scham empfunden, diese doch persönlichen und nicht gerade für mich sprechenden Dinge zu erwähnen und während ich erzählte, spürte ich die Stille im Raum und die steigende Aufmerksamkeit, die mir zuteil wurde. Der Applaus am Ende war lange und warm gewesen. (Natürlich hatte ich während des Abends auch meine Schokoladenseite hervorgeholt, so bin ich ja nicht...). Diese wertvolle Erfahrung, über meine Person zu sprechen und dadurch auch etwas über mich selber herauszufinden, unterstützte meinen Glauben, dass es nur positiv sein kann, wenn sich ein Gast im CinéBâle etwas öffnet und über sich erzählt.

Nun bin ich abgeschweift, zurück zu Caroline Rasser. Obwohl sie ihr Feld strikt abgesteckt hatte, war es eine gelungene Sendung mit viel Drive und schlagfertigen Antworten geworden. Ihr Charme hatte die Quoten steigen lassen, das konnte man an den vielen Reaktionen messen, welche ich auf die Sendung erhalten hatte. Denen zufolge wird übrigens auch Caroline Rasser als toughe Powerfrau wahrgenommen...

Jacques Herzog
Architekt

«Wie lange hält es ein Durchschnitts-Mann ohne Sex aus?»

(lacht) «Ich hoffe, ich bin kein Durchschnitts-Mann in dieser Hinsicht. Ich weiss es nicht. Sexualität ist etwas wie Essen und Trinken, und das tut man ja auch jeden Tag... Ich finde je mehr, desto besser, und je mehr man das ausleben kann, desto relaxter sind die Menschen und desto mehr kann man kann sich auf andere Dinge konzentrieren.»

«Was war Ihre längste Zeit der Enthaltsamkeit?»

«Ich glaube nicht sehr lange, aber ich weiss es nicht mehr...» (schmunzelt) «Ich hätte da keine Hemmungen dies zu sagen, aber ich weiss es wirklich nicht mehr.»

«Welcher Zeitraum liegt für Sie im Bereich der Zumutbarkeit?»

«Ich bin eher jemand, der denkt, dass eine erotische, sexuelle Liebessituation unmittelbar nach der Bekanntschaft zu spielen und aktiv zu werden beginnt.»

Er hatte sich gleich selber eingeladen, indem er Willy Surbeck fragte, was er denn tun müsse, um einmal Gast im CinéBâle zu sein:

Jacques Herzog.

Das hatte ich lustig gefunden und ja, zugegeben, ich fühlte mich geschmeichelt. Aber nicht nur deshalb hatte ich seiner Aufforderung einige Wochen später zugestimmt.

Der Basler Stararchitekt war das pure Gegenteil von Caroline Rasser, was die Tabus anbelangt. Bei ihm gab es keine. Aber hatte ich soviel Offenheit überhaupt gewollt...? Das war mir während des Gespräches durch den Kopf gegangen, als ich mich mehrmals ob gewisser Antworten erröten fühlte. Aber natürlich hatte der Film, der sich um die Enthaltsamkeit von Männern drehte, geradezu nach heissen Fragen geschrieen.

Ohne ein Blatt vor den Mund zu nehmen, erzählte Jacques Herzog von seinem sexuellen Lebensstil, von der Bedeutung, die Sex und Liebe für ihn hatten und erklärte, dass bei ihm die Tage gezählt seien, an denen er frei von Sex war. Ob so viel Direktheit konnte ich nur langsam nicken, ein fast unhörbares «mmhh...» hervorbringen und versuchen, mein Grinsen zu verbergen.

Als ich Monate später auf eine achtseitige Reportage über die Architekten Herzog & De Meuron im Deutschen Magazin ‹Stern› stiess, musste ich lächeln. Dieser ‹Mann von Welt› war in meiner bescheidenen Sendung gewesen und hatte ganz unbescheiden Intimes von sich preis gegeben.

Manchmal treffe ich Jacques Herzog zufällig im Fussball-Stadion bei einem FCB Spiel, denn auch er ist grosser Fan des Stadtclubs. Dann essen wir eine Bratwurst und plaudern ein wenig über die elf Männer auf dem Rasen und den Trainer, der daneben steht. Jacques Herzog finde ich schlichtweg cool.

Sir Peter Ustinov †
Schauspieler

«Ihr Geheimnis bei den Frauen sei, dass Sie die Frauen zum Lachen bringen...Ist dem so?»

«Ich weiss nicht, ob das Geheimnis bei den Frauen anders ist als mein Geheimnis bei den Männern, ich glaube nicht. Ich bin eigentlich eine sehr ernste Person, die jedoch die Leute zum Lachen bringt. Und deshalb bin ich immer so ernst wie möglich, denn es freut mich, wenn Leute lachen. Ich glaube, es ist das einzige, das uns von Tieren trennt.»

«Was muss eine Frau für Peter Ustinov haben, damit er sie bezaubernd findet?»

«Sie muss ebenfalls Humor haben, sonst würde sie auf meinen nicht reagieren. Meine Frau hat sehr viel Humor, sie ist sehr lustig. Das bringt mich natürlich zum lachen und ich habe sie ungeheuer gern. Unsere Liebe ist aufgebaut auf Freundschaft, das ist genauso wie ein Wagen, der vier Gänge hat. Es benötigt alle vier, damit der Wagen läuft. Wir haben grossen Respekt füreinander, wir sind sehr unabhängig, und deshalb sind wir auch schwer zu trennen. Wir telefonieren die ganze Zeit und meine Liebesgeschichte geht weiter. Ich bin jetzt beinahe achtzig aber ich bin sehr in meine Frau verliebt.»

Cool war es auch, mit einem richtigen ‹Sir› zu sprechen. Leider weilt er heute nicht mehr unter uns: Sir Peter Ustinov. Der grosse Schauspieler war gerade auf Besuch bei seinem Sohn, der sich damals in der Region aufhielt. Dass ich überhaupt die Chance auf ein Treffen hatte, verdankte ich wiederum meinem Mentor Willy Surbeck, der seine Beziehungen spielen liess und mir diese einzigartige Zusammenkunft ermöglichte.

Für Tamara

Herzlich

[signature]

23 11 00

40

Da ich während meines fünfjährigen USA-Aufenthaltes die Schauspielschule besuchte und dort den Traum verfolgt hatte, einmal von diesem Beruf zu leben, verband mich mit Sir Peter Ustinov etwas Spezielles. Dass es total einseitig war, spielte keine Rolle.

Ich hatte den Weltstar in Basel, in der Lobby des ältesten Hotels von Europa getroffen, wo er logierte, und das momentan gerade renoviert wird.

Er hatte während seines kurzen Aufenthaltes so manches Interview über sich ergehen lassen, da bin ich sicher, aber meine Fragen waren wohl die skurrilsten. Das besagte sein Gesichtsausdruck und die Art, mit der er mich aus seinen blaugrauen Augen ansah. Sein müder aber gleichzeitig wacher Blick zeigte, dass die Befragung ihm etwas seltsam vorkam, obwohl ich ihm das Prinzip der Sendung vorab erklärt hatte. Ich verdächtige ihn jedoch, mir dabei nur halb zugehört zu haben, denn er hatte des öfteren gegähnt und schien schläfrig zu sein. Wir führten das Gespräch kurz nach Mittag und mir wurde gesagt, dass er extra sein Mittagsschläfchen dafür verschoben hatte.

Als Filmvorlage hatte die witzige Komödie mit Robert De Niro und Ben Stiller ‹Meet the parents› gedient.

«In welchen Situationen haben Sie schon gelogen?» und «Warum sind Sie und Ihre Frau ein so glückliches Paar?» oder «Gibt es jemanden, den Sie überhaupt nicht ausstehen können?» waren einige der Fragen, die ich ihm stellte.

Je mehr ich mit der ausgefallenen Art fortfuhr, desto mehr schien er Gefallen daran zu finden. Er erzählte mit Schalk in den Augen lustige Episoden aus seinem Leben, redete über die Liebe zu seiner Frau und machte dabei auch immer wieder komische Bemerkungen, über die er selber am meisten lachte. Ich fiel laut in sein Gelächter ein, aber hauptsächlich weil der Sir ein so glucksendes Lachen hatte, das mich sofort ansteckte. Manchmal war ich nicht ganz sicher, wieso etwas überhaupt komisch war, ich lachte einfach. Oder das British-Humor-Lämpchen war mir erst aufgegangen, als die Pointe lange vorbei und ich schon bei der nächsten Frage war. War das nicht peinlich? Aber niemand hatte es bemerkt, Sir Peter Ustinov am allerwenigsten. Nach dem Interview begleitete ich ihn auf sein Zimmer, wo er sein wohlverdientes Nickerchen machte.

Weil Sir Peter Ustinov eben ‹Sir Peter Ustinov› war, empfinde ich dieses Interview als das Highlight meiner TV-Karriere. Das klingt vielleicht etwas pathetisch, aber so ist es. Deshalb hatte ich es in Sommerpausen oder bei Best-Of-Sendungen immer wieder hervorgeholt und ausgestrahlt. Treue CinéBâle-Zuschauer müssten das Gespräch bald auswendig kennen.

Ich frage mich manchmal, wie definiert man eine ‹wahre Persönlichkeit›? Es hat sicher viel mit Charisma, der besonderen Ausstrahlungskraft eines Menschen, zu tun. Und auch mit Charme, Humor, Selbstsicherheit, Würde und Respekt. Dies und andere Faktoren machten Sir Peter Ustinov wohl zu der Persönlichkeit. Das hatte sich wohl auch die Queen gedacht, als sie ihn zum Ritter schlagen liess.

Stephan Schiesser
Confiseur

«*Was kann man, gemäss dem Praliné, das man gerne hat, über sich selber herausfinden?*»

«*Eine gute Frage! Ich möchte nun nicht frech werden, aber man sieht jemandem, der ein Alkohol-Praliné kauft, seine Vorliebe eher an...*» (lächelt). «*Die Herren allgemein stehen mehrheitlich auf herbere Pralinés, Frauen eher auf solche mit Milchschokolade und generell die süsseren Sorten; Mandelschokolade spricht jedermann an, ausser die älteren Leute, die dadurch Probleme mit den Zähnen bekommen.*»

«*Was gibt es über Leute mit Sucht nach weisser Schokolade zu sagen?*»

«*Da weisse Schokolade mit Abstand die süsseste aller Sorten ist, wird sie besonders von Frauen gekauft. Frauen bevorzugen ganz klar die lieblicheren und feineren Aromen, vielleicht kann man daraus auf einen lieblicheren und sinnlicheren Charakter schliessen...*»

Passend zum Film ‹Chocolat› war Stephan Schiesser von der Traditionskonditorei Schiesser zu Gast. Und er wusste über die Vorlieben unserer Gaumen zu erzählen.

Wir hatten im ersten Stock der Teestube Schiesser gedreht. Der Tisch war verführerisch mit feinsten Pralinen dekoriert und während des Gespräches kostete ich genüsslich die vor mir ausgebreiteten Süssigkeiten und erwähnte nebenbei auch meine Begierde nach weisser Schokolade.

Entweder hatten die Zuschauer gedacht, dass ich zu mager sei und mehr essen sollte, oder aber das Wort *Begierde* hatte Instinkte geweckt. Oder beides. Jedenfalls wurde mir während der Zeit, in der das Chocolat-CinéBâle lief, fast täglich ein Chocolat-Päckchen von anonymen oder nicht anonymen Zuschauern gesandt.

Da ich die freundlichen Absender nicht enttäuschen wollte (der wirkliche Grund war, dass ich nicht widerstehen konnte), verschlang ich den Inhalt jeweils noch am selben Tag. War eine Schachtel erst mal geöffnet, wurde sie gnadenlos geleert. Die ersten fünf am Morgen, mittags noch mehr und die Verbleibenden über den Rest des Tages verteilt. So lebte ich zwei Wochen lang praktisch von Pralinen; drei Kilo mehr auf der Waage, Pickel im Gesicht und eine bis heute andauernde Abscheu gegen weisse Schokolade waren das Resultat meiner unüberlegten Aussage im Fernsehen.

Aber seit dann fragte ich mich vor einer Sendung immer, was ich denn als Nächstes so brauche…

Roger Schawinski
Gründer Radio 24 und Tele 24

«Was haben Sie in Ihrem Umgang mit Frauen in den letzten zwanzig Jahren gelernt?»

«Ehm, wie lange dauert diese Sendung?» (lacht) «Nein, ich habe gelernt, dass ich zum Beispiel meiner Frau nicht immer gleich Lösungen präsentiere, sondern ihr Zeit und die Möglichkeit gebe, dass sie ihre Bedürfnisse formulieren kann. Oder dass ich mich in ihre Position versetze und sehe, was eventuell für sie wichtig ist, und dies in meine Position miteinbeziehe.»

«Woran erkennen Sie, dass Sie lieben?»

«Ojemineh, jetzt kommt es aber dick...» (überlegt) «Sie ist jemand, der mich erkennt, mich leben lässt, sie will, dass es mir gut geht, umgekehrt genau gleich. Wenn man sich dann gegenseitig noch attraktiv findet... zusammengefasst in den Worten meiner Frau: Du musst aufeinander stehen. Wenn Du nicht mehr aufeinander stehst, hilft alles andere nichts mehr. Wir stehen noch aufeinander. Wenn es hie und da etwas schwieriger ist, sehen wir, dass wir uns wieder neu verlieben. Wenn das geht, hat man eine Chance, dass es hält.»

«Hallo Herr Schawinski! Hier spricht Tamara Wernli vom Telebasel...»

«Ja Grüezi Frau Wernli vom Telebasel. Gibt's das Telebasel noch...?»

«Ja doch, wir leben und nicht einmal so schlecht. Herr Schawinksi, ich leite und moderiere eine Talksendung hier auf dem Sender. Ich zeige Filmausschnitte und führe mit dem Gast eine Art Personality Talk...»

«Aha....»

Tamara

War da.

[signature]

10. 3. 2000

«Nun erscheint der Streifen ‹The Insider› mit Al Pacino. Es geht um einen Top-Journalisten und einen TV-Produzenten, die einen Fall aufdecken und vor Gericht bringen. Da habe ich sofort an Sie gedacht. Niemand passt da besser. Nicht nur wegen dem Job, sondern auch weil Sie Herrn Pacino ähnlich sehen.» Schallendes Gelächter am anderen Ende der Leitung.

«Kommen Sie in meine Sendung?»

Lacht immer noch.

«Finden Sie, dass ich ihm gleiche...? Ja wieso nicht. Ja das passt ja wirklich. Ja guet, wann soll ich kommen?»

Und der schwarzhaarigste Talkmaster der Schweiz war eingeladen.

Nach dem Interview wollten Freunde und Berufskollegen von mir wissen, ob er wirklich so garstig war, wie er in seinen Talk Täglich's hinüberkam. Ob er mich provoziert oder herunter gemacht hatte, oder ob er anständig zu mir war, was sich jedoch die wenigsten vorstellen konnten.

Die selben Fragen hatte ich mir vor dem Treffen auch gestellt, denn ich hatte seine Sendungen natürlich gesehen, seine Biografie gelesen, meine Informanten ausgefragt, mir einen Eindruck gemacht und war eigentlich fürs Schlimmste gewappnet gewesen. Aber keines der vorgenannten Dinge war eingetroffen.

Ausser dass er mit 30-minütiger Verspätung im Kino eintraf, obwohl der Kinokomplex keine fünf Meter von seinem Büro entfernt lag (ich hatte den Termin in Zürich vorgeschlagen, das schien mir angebracht), war ich positiv überrascht. Geduldig und mit einem belustigten Ausdruck um seine dunklen Augen hatte er meine Fragen beantwortet, auch wenn es persönlich wurde. Was innerlich in diesem Al Pacino-Look-Alike vorging und ob es das genaue Gegenteil war, weiss ich natürlich nicht. Vielleicht lässt ja sein Gästebucheintrag etwas vermuten…

Ob er mir einen Job bei Tele 24 angeboten habe, interessierte die Leute ausserdem noch. Nein, hat er nicht. Ich hatte mich einige Zeit später zum Casting für eine neue Show auf seinem Sender beworben. Es war ein Flirt-Magazin mit dem vielversprechenden Namen ‹SMS – ich liebe Dich›. Vielleicht hatte es daran gelegen, dass ich damals nicht verliebt war und auch noch kein Handy besass, jedenfalls war ich nach dem zweiten Vorsprechen ausgeschieden.

«Danke, aber bei so vielen Bewerberinnen ist es enorm schwer, eine Wahl zu treffen. Wir haben uns für eine andere entschieden. Viel Erfolg weiterhin.»

Diesen Satz hatte ich so oft in meinem Leben zu hören bekommen, besonders während meines Aufenthaltes in Los Angeles, als ich mich als Schauspielerin behaupten wollte. So hiess es zum Beispiel in Zeitungsinseraten:

«…schlanke, attraktive, italienisch aussehende, langhaarige Frau gesucht für Hauptrolle im Independent Film XY. Melden unter: XY…»

Dann erschien ich am Casting und traf auf fünfzig schlanke, attraktive, italienisch aussehende, langhaarige Frauen, die alle das gleiche wollten wie ich, nur waren sie noch eine Spur schlanker, eine Spur attraktiver, die Oberweite eine Spur grösser und der American Accent eine Spur besser. Das war Hollywood, und manchmal sehr ernüchternd.

Ganz so konkurrenzierend war die Lage bei ‹SMS – ich liebe Dich› nicht. Trotzdem bin ich froh, dass ich solche Wettbewerbe (bis auf weiteres wenigstens) hinter mir habe. Die Sendung wurde übrigens nach wenigen Monaten auf Tele 24 abgesetzt, da sie zuwenig Zuschauer hatte. Eine kleine Genugtuung hatte ich dabei empfunden.

Anita Fetz
Ständerätin

«Wie viel Prozent Ihres Erfolges in Politik und Wirtschaft haben Sie Ihrem Äusseren zu verdanken?»

«Es gibt Leute, die sagen relativ viel, ich sage, es braucht beides. Es benötigt Inhalt, viel Biss, um sich durchzusetzen und wenn man einigermassen gut aussieht, schadet es einem sicher nicht. Aber darauf alleine kann man sich nicht verlassen.»

«Kommen Sie bei Männern weiter, wenn es um Geschäftsabschlüsse geht, als bei Frauen?»

«Ja. Aber nicht wegen dem Aussehen. Manchmal finde ich Männer einfacher zum Verhandeln. Mit ihnen kann man oft zügiger und sachlicher auf den Punkt kommen. Bei manchen Frauen muss man noch auf der Beziehungsebene investieren, oder kann leicht etwas falsch machen.»

«Denken Sie, dass Flirten am Arbeitsplatz weiterhilft?»

«Nein, Flirten nicht. Aber ein offener Umgang mit Leuten und kommunikativ sein. Und wieso nicht einmal ein Flirt? Wenn man den ganzen Tag arbeitet, ist es doch unterhaltsam. Aber nicht als Mittel zum Ziel, sondern als angenehme Nebenbeschäftigung.»

Biss, gute Kommunikation und ein attraktives Äusseres sind die Merkmale einer weiteren Persönlichkeit, die ihren Weg ins CinéBâle gefunden hatte: Anita Fetz, Politikerin und Unternehmerin und… ebenfalls Powerfrau genannt (!).

Die Basler SP-Ständerätin war mir auf Anhieb sympathisch, was bei Politikern nicht immer unbedingt gleich der Fall war.

Vor der Aufzeichnung setzte ich mich zu ihr in die Maske, den Ort, wo man von der Visagistin noch den letzten Schliff erhält, oder – wie im Fall vom CinéBâle, wo wir keine Visagistin hatten – sich selber noch verschönern konnte. Auch Anita Fetz nutzte die Minuten vor der Sendung, um sich noch etwas Rouge und einen kräftigen roten Lippenstift aufzutragen, der ihr ausgezeichnet stand. Um nicht untätig daneben zu sitzen, zog auch ich meine Lippen nochmals nach, in dezentem Rose.

Dies musste den Ausschlag gegeben haben, denn von da an setzte ein angeregtes Gespräch über Powerfrauen und Männer ein (nein, Powermänner wurden dabei nicht erwähnt). Wir diskutierten über die Vor- und Nachteile von Frauen, die von anderen Menschen – sei es in der Öffentlichkeit oder nicht – als starke und karriereorientierte Personen wahrgenommen wurden.

Wir kamen beide zum Schluss, dass ‹karriereorientiert› selten der Ausdruck ist, den man(n) einer Frau verleiht, die an etwas glaubt und im Leben etwas erreichen will. Ein ambitioniertes weibliches Wesen gilt meist als karrieregeil, wo derselbe Mann natürlich zielstrebig und karriereorientiert ist.

Ausserdem liegt es an der Frau, sich zuerst zu beweisen, bevor man an sie glaubt, ihr Vertrauen entgegenbringt und Verantwortung überträgt. Beim Mann setzt man meist voraus, dass er die Lage beherrscht und das Können mitbringt.

Auch hinterfragt man bei einer Frau schneller, ob es richtig oder falsch, gut oder schlecht war, was sie tat. Man fühlt sich rascher dazu berechtigt, sie zu kritisieren und zu bevormunden, wo beim Mann eine Kritik gar nicht oder erst viel später einsetzt, normalerweise vertraut man ihm blind.

Inmitten des Gespräches hatte Anita Fetz mir das ‹Du› angeboten, was ich lässig von ihr fand.

Wir unterhielten uns auch über den Neid der Leute, der sich breit macht, sobald eine Person etwas heraussticht, sei es mit beruflichem Erfolg, toller Ausstrahlung, privatem Glück oder gar mit alledem zusammen. Je höher man steigt, desto dünner wird die Luft… eine treffende Aussage, von Anita Fetz bestätigt und wohl auch durchlebt.

Nach dem Interview klickte ich auf die Web-Site der Politikerin, druckte mir die von ihr geschriebenen ‹10 Gebote für Frauen, die mehr als das Übliche wollen› aus und klebte sie in meine Agenda. Eine Anleitung von einer tollen Frau, die mehr als das Übliche erreicht hat.

DJ Antoine
DJ und Produzent

«Wie viel verdienst Du in einer Nacht als Schweizer Star-DJ?»

«Diese Frage kann ich nicht beantworten. Es ist eine Sache, die niemanden etwas angeht.»

«Wie kommt man dann zu dieser Information, falls man Interesse an Deinem Auftritt hat?»

«Wenn mich jemand buchen will, dann muss man uns das Konzept und die Informationen schicken. Dann wird geprüft, ob ich überhaupt Zeit und Lust dazu habe. Wenn ich Zeit und Lust dazu habe, dann wird über das Geld geredet.»

«Deine Gage soll zwischen 4'000.– und 7'000.– liegen. Stimmt das ungefähr?»

«No comment.»

‹Jackass – the Movie› war der Film, den ich für Antoine Konrad alias DJ Antoine ausgewählt hatte. Nicht, weil ich dachte, dass der Titel besonders gut zu ihm passte, sondern weil in dem Streifen gewaltige Selbstdarsteller am Werk waren und mir ein Blick auf Antoines CD-Covers zeigte, dass da gewisse Parallelen existierten, wenn auch auf eine andere Art...

‹Vertrauen ist gut, Kontrolle ist besser› hatte ich während meiner CinéBâle-Jahre ebenfalls gelernt, besonders wenn es um Informationen ging, die ich von Dritten, sogenannten ‹Informanten› erhielt. Informanten liefern einer Redaktion Hintergrundinfos zu Themen oder Personen, offenbaren brisante Details oder weisen auf soeben eingetroffene Ereignisse hin. Zum Beispiel:

«Hallo Frau Jauslin, ich habe soeben gehört, dass der Bau der Nord-Tangente zig Millionen mehr verschlungen hat, als ursprünglich von der Regierung geplant und stattgegeben. Sie glauben ja nicht, welches Komplott von Politikern dahinter steckt. Ich habe interessante Einzelheiten...»

Viele dieser für die aktuelle Berichterstattung wichtigen Angaben kommen von Leuten, die ständig auf Achse sind, sei es selber als Journalist, oder von Personen, die auf ein breites Informationsnetz zurückgreifen können.

Newssendungen wie auch Unterhaltungsshows bedienen sich für ihre Recherchen solcher Dienste, deshalb hatte auch ich mir von Beginn an einen zwar bescheidenen, aber gut funktionierenden Informantenkreis aufgebaut, der mich bei meinen Nachforschungen unterstützte.

So war es denn auch bei DJ Antoine. Da ich ihn noch nie persönlich kennen lernen durfte, verliess ich mich zum grossen Teil auf die Informationen, welche von meinem Helferkreis stammten. Unter anderem wurde mir zugetragen, dass er rechthaberisch, arrogant, blasiert, gerissen und protzig sei. Ich war etwas irritiert ob den wenig schmeichelhaften Aussagen, mit denen man (und auch Frau) mir den Basler Star-DJ beschrieben hatte.

Mein Eindruck von DJ Antoine: Gerissen, intelligent, talentiert, arrogant und... unpünktlich! Er kam 45 Minuten zu spät! Warum konnten die Leute nie pünktlich sein?! Protzig war allerdings der riesige Klunker, der überdimensional gross auf seinem Ringfinger thronte und die ganze Aufmerksamkeit auf sich zog. Napoleon Bonaparte kam mir dabei unweigerlich in den Sinn. Der Koloss von Ring war besetzt mit einem roten Stein, der die Grösse eines kleinen Hühnereis hatte. Es kostete mich einige Anstrengung, den

18.2.2003

45 min to late

Liebe Tamara

Dankeschön für das "hand-nötige" Interview in Gue-Bäle! Alles Liebe

Your

Jack 488

[signature]

Blick auf Antoines Gesicht zu belassen und nicht dauernd auf den Ring zu sehen. Ich hätte ihn gerne gefragt, ob das Gewicht an der Hand nicht unpraktisch und der Ring nicht etwas zu auffällig für einen normalen Dienstagnachmittag sei, aber ich wollte ihn mit der Bemerkung nicht in seiner Eitelkeit verletzen.

Stichwort Eitelkeit: Da die Menschen mich anscheinend für sehr eitel halten, werde ich immer wieder gefragt, wie viele Puderdosen und Haarsprays ich im Jahr verbrauche, wie viel Geld ich für Make Up und Klamotten ausgebe und ob ich privat auch immer so gestylt herumlaufe. Und: ob meine Wohnung voller Spiegel ist.

Für die Frager: Puder und Haarspray kommen von der Stylistin, ich besitze seit Jahren den gleichen schwarzen Kajal, viele meiner Klamotten erhalte ich vom CinéBâle-Kleidersponsor und ja, ich habe in jedem Zimmer einen schönen Spiegel hängen, ausser in der Küche.

Einmal stand mir während einer ‹7vor7›-Sendung eines meiner langen Haare schräg vom Kopf ab, ohne dass ich es bemerkt hätte. Es hatte es wohl auch keiner der Mitarbeiter gesehen oder für nötig befunden, mich darüber zu informieren. Erst als ich mich am nächsten Tag in der Wiederholung sah, entfuhr mir ein Schrei und meine ganze Eitelkeit wurde sichtbar.

Ein anderes Mal war während eines CinéBâle ein Knopf meiner Bluse offengestanden, und zwar nicht der oberste, sondern natürlich genau der in der Mitte, was einen dramatischen Blick auf meinen dazu noch unpassenden BH offenbarte (die schöne Unterwäsche mit den Spitzen spart Frau sich für Dates oder den Freund auf, das wissen wir ja). Als ich das Malheur realisierte, war die Sendung schon fertig aufgezeichnet und das Geschehene nicht mehr zu ändern. Soviel zum Thema Spiegel.

Wir waren bei DJ Antoine. Das Interview verlief nicht gerade sanft, eher holprig...harzig...hart. Sagen wir es gleich: Wäre die Kamera nicht gelaufen, hätte es wohl einen Streit gegeben. Grund waren Fragen nach den Gagen des bekanntlich hochbezahlten Plattenauflegers. Obwohl er mir signalisierte, dass er nicht darüber reden wollte, konnte ich es nicht lassen und hatte weitergebohrt. Und gebohrt. Er fühlte sich verständlicherweise provoziert und strafte mich dementsprechend mit kurzen und flachen Antworten, im Stil von «das kannst du ja auf meiner Homepage nachsehen..» oder «no comment» und «ich sagte doch, no comment».

Dass Gäste eine Antwort verweigerten, war wie gesagt zum Glück nicht oft geschehen. Und wenn der DJ nicht über seine geschätzte Gage von Fr. 5'000.– pro Abend reden möchte, ist das seine Sache. Wir lenkten das Gespräch dann wieder ein, so dass Antoine Konrad am Schluss zwar grübelnd im Sessel gesessen, mich jedoch am selben Abend als Wiedergutmachung für seine Verspätung ins Kino eingeladen hatte. Das wiederum fand ich sehr sympathisch und nett.

Ins Gästebuch hatte er übrigens geschrieben:
«....danke für das hartnäckige Interview im CinéBâle! Alles Liebe, your Jacka$$ Antoine»
    Da sage ich nur: «No comment.»

Elsbeth Schneider
Regierungsrätin

«Sie sind seit vielen Jahren verheiratet: knutscht man da immer noch so leidenschaftlich wie zu Beginn der Beziehung?»

«Es gibt sicher gewisse Vorurteile, aber ich meine, auch wenn man verheiratet ist, kann man sich intensiv gerne haben und auch intensiv zusammen knutschen.»

«In diesem Falle ändert sich nichts vor oder nach der Hochzeit?»

«Aus meiner Erfahrung ganz sicher nicht, im Gegenteil. Eine Beziehung kann von Jahr zu Jahr intensiver werden und auch schöner. Ich bin nun seit über dreissig Jahren verheiratet und ich kann nur sagen: es wird je länger je schöner.»

Dass Politiker stets politisch korrekt sein müssen, wissen wir. Was sie dafür tun und wie ernst sie es nehmen, da unterscheiden sich allerdings die Methoden.

Im ersten Jahr von CinéBâle war die Baselbieter Regierungsrätin Elsbeth Schneider zu Gast. Ich fand es schön von ihr, dass sie sich – im Gegensatz zu ihrer Baselstädtischen Kollegin – zu diesem persönlichen Interview wagte und sparte nicht mit den Fragen. Mich auf den Film ‹Dogma› mit Matt Damon und Ben Affleck stützend, wollte ich von der CVP-Politikerin wissen, ob bei ihr der Funke auch nach vielen Ehejahren immer noch herübersprang und was sie konkret tat, um das Begehren aufrecht zu erhalten.

Gespannt hörte ich zu, wie sie das Thema erläuterte, von ihrer Beziehung zu ihrem Mann erzählte und wie sie es verstand, den erwähnten Funken noch zu zünden. Überhaupt überraschte es mich, wie spontan und ehrlich diese Frau mitmachte, wo sie doch sonst meist über Tunnelröhren und Spitäler redete und weniger über Knutschen und Leidenschaft.

Nach dem Interview schrieb sie ins Gästebuch, dass sie es super gefunden hatte, sich einmal so spontan zu einem solchen Thema zu äussern.

Aber ganz sicher war sie sich ob ihrer Spontaneität wohl doch nicht. Am nächsten Tag erschien ihr PR-Berater im Telebasel-Studio, der sich das ganze Interview genau ansehen und nach einer politischen Inkorrektheit durchsuchen sollte, bevor es ausgestrahlt wurde.

Mein Fazit: Spontaneität hat viele Facetten.

11.04.2000

Heute fühle ich
mich herausge-
fordert!

Super, sich spontan
zu äussern, Frau
Wernli – Sie ver-
stehen Ihre Sache!

Herzlichst –
von Frau zu Frau

Isabell Hunziker

Hakan & Murat Yakin
Fussballprofis

«Habt Ihr noch andere Talente ausser Fussball?»
Murat: «Im Geldausgeben sind wir Riesentalente...»
«Wie steht es bei Dir, Hakan?»
Hakan: «Weiss nicht, beantworte Du das, Muri.»
Murat: «Bei Computerspielen bist Du sehr gut...»
Hakan. «Genau, ich spiele gerne am Computer.»
«Kam es schon mal vor, dass Euch die gleiche Frau ge-
fallen hat?»
Hakan: «Weniger. Sicher gibt es Frauen, die uns beiden
gefallen, aber Muri ist der ältere... und hat deshalb immer
den Vorrang.»
«Möchtest du das, Murat?»
Murat: «Nicht unbedingt, aber es ist auch Ge-
schmackssache. Wenn uns eine Person interessiert, möchten
wir sie kennen lernen. Ob man sie dann kriegt oder nicht,
ist zweitrangig.»
«Du würdest also dem kleinen Bruder den Vorrang las-
sen, wenn ihr beide interessiert wäret?»
«Wenn sie uns beiden gefällt....? Tja, dann gehen wir halt
zusammen auf sie los...» (lacht)

Facettenreich war auch der Auftritt der beiden nächsten
Protagonisten: Die Gebrüder Hakan und Murat Yakin waren
zum Interview geladen.

Der Termin war auf 20:00 Uhr im Studio angesetzt. Wie
gesagt, es war keine Live-Sendung und deshalb war eine
kleine Verspätung nicht weiter tragisch. Ich wartete gerne
auf einen Gast, Hauptsache ich hatte mein Interview. Eine
Gnadenfrist von fünfzehn Minuten gab ich allemal, bevor

ich begann unruhig zu werden und sie telefonisch zu kontaktieren versuchte.

Sie können es erahnen; die beiden Star-Kicker hatten Verspätung und als ich anrief, kam nur die Combox. Das ist etwas vom Nervigsten überhaupt. Jemand kommt ohne Warnung zu spät und hatte erst noch das Handy ausgeschaltet! DJ Antoine hatte wenigstens abgenommen und zugegeben, dass er die Sendung glatt vergessen hatte. Das war zwar nicht erfreulich, aber immer noch besser als eine schweigende Combox. Hatten mich die Yakins auch vergessen?

Im Zehn-Minuten-Takt versuchte ich es wieder und blieb weiterhin erfolglos. Ich war nervös. Was, wenn sie tatsächlich nicht mehr daran dachten....? Dann hätte ich kein Interview und wohl auch keine Sendung, denn so schnell liesse sich kein Ersatz-Gast finden. Oder ich musste mich nochmals mit den Yakins durchs Terminfinden quälen und glauben Sie, ein Treffen mit den beiden zu arrangieren, ist nicht gerade das Einfachste, was es auf dieser Welt gibt, schliesslich sind die beiden ‹Stars›.

Es war eine Stunde später und ich am Rande der Verzweiflung, als die Eingangstür aufging und die beiden hereinstolziert kamen. Statt einem «Hallo, schön dass Ihr gekommen seid!» konnte ich nur ein kühles «Ihr seid zu spät, habt ihr kein Telefon?» über die Lippen bringen. Das war nicht sehr höflich, ich weiss, aber Unpünktlichkeit beim Fernsehen geht einfach nicht. Ein Notfall ist etwas anderes, aber das war es in diesem Falle keineswegs. Warum sich Hakan und Murat Yakin verspätet hatten, weiss ich nicht einmal mehr, so unspektakulär war der Grund gewesen.

Na gut, sie waren da. Mein Ärger war alsbald verflogen, denn ein süsses Lächeln hatten sie ja, die beiden. Sie machten es sich mir gegenüber auf dem roten Sofa bequem und liessen sich verkabeln, während wir uns kurz für die Tonprobe unterhielten. Als das erledigt und die Crew bereit war, konnten wir loslegen. Die Kamera lief und ich eröffnete das Gespräch:

«Herzlich willkommen, heute bei mir zu Gast sind die Profifussballer Hakan und Murat Ya...», und genau da war es passiert. Unbeherrscht prustete es aus mir heraus und ich musste laut lachen.

Das Bild war einfach zu komisch: Das rot schillernde Sofa und Hakan und Murat, die mich, breitbeinig sitzend, die Arme machomässig über die Lehne gelegt, mit ihren Baggy-Jeans, den riesigen, knallweissen Turnschuhen, das Haar gegelt und gestylt, mit grossen Augen anstarrten. Ich konnte nicht anders, als loszubrüllen. Die Fussballer und das Sofa passten sowenig zusammen wie der Papst und Kondome. Sie fielen lauthals in mein Gelächter ein und wir grölten, bis wir Tränen in den Augen hatten.

Die Jungs von der Regie und die Kameramänner hatte es ebenfalls gepackt und auch sie waren nicht mehr im Stande, weiterzumachen. Auch mein zweiter und dritter Versuch schlug fehl. Sobald ich den Blick auf die zwei richtete, juckte es mich im Hals und ich begann, wieder zu lachen. Ich war hilflos ausgeliefert.

Der erste, der sich nach über fünf Minuten wieder gefasst hatte, war der Regisseur. Über Lautsprecher forderte er mich auf, ich sollte mich nun zusammenreissen, sonst würde die Nacht unendlich werden. Ich kann mich nicht erinnern, ob ich noch etwas besonders an diesem Abend vorgehabt hätte, aber das war mein Zeichen, da hatte es bei mir geklingelt. Ich trocknete meine Tränen – Hakan und Murat ihre auch – atmete tief ein und aus, konzentrierte mich auf meinen Satz und wiederholte den Einstieg nochmals. Diesmal schaffte ich es. Meine Selbstdisziplin war zurückgekehrt und wir führten das Interview ohne weitere Unterbrüche weiter.

Die Yakin-Sendung war – davor und während – eine der unterhaltsamsten gewesen und hatte einen speziellen Einblick in die Welt eines Profifussballers gewähren lassen. Für Gesprächsstoff beim Zuschauer war gesorgt, und was den Charme der beiden betraf, bin ich mir sicher, dass sich schon manches Mädel gesagt hat: «Wenn sie mir beide gefallen… tja, dann geh ich halt auf beide zusammen los…»

Thomas Borer
Ex-Botschafter und Unternehmensberater

«*Was fehlt Ihnen am meisten, wenn Sie auf Ihre Zeit als Botschafter zurückblicken?*»

«*Ich bin nicht einen Tag lang darüber traurig gewesen, nicht mehr Botschafter zu sein. Ich war traurig über den Abgang, den mir Bundesrat Deiss beschert hat. Ich finde es traurig, dass ein Bundesrat dem Druck eines grossen Verlages nicht standhalten kann. Ich finde es schlimm, dass ein Regierungsmitglied, welches eigentlich die Schweiz mit Mut vertreten sollte, nicht einmal solch einem Blatt gegenüber den Rücken zeigen kann.*»

«*Können Sie den Moment beschreiben, an dem Sie Ihrer Frau Shawne zum ersten Mal begegnet sind?*»

«*Es war, als ob mich zwei Züge auf einmal überfahren hätten. So, wie man es sonst nur in schlechten Romanen liest. Das Gefühl, dass man die Frau fürs Leben gefunden hat... das war mir sofort klar gewesen. Es war ein sehr besonderes Gefühl, aber auch fast schon wie ein Schockgefühl.*»

Zwei Züge auf einmal… Das muss schon ein spezielles Gefühl gewesen sein. Zwei Züge auf einmal…, ich hatte versucht, es mir vorzustellen, aber es war mir beim besten Willen nicht gelungen, trotz der vielen Romane, die ich lese.

Thomas Borer, Ex-Botschafter in Berlin und selbständiger Unternehmensberater war zu Gast im CinéBâle.

Es war wiederum nicht einfach gewesen, den stets zwischen zwei Kontinenten hin- und herjettenden Geschäftsmann einzuladen. Als er in die Region reiste, um an der Büchermesse sein neues Buch vorzustellen, witterte ich meine Chance.

Der Zufall wollte es, dass er zuvor noch ein Kurz-Interview an unserer ‹Telebar› gab. Zufällig hatte ich gerade im Studio zu tun und noch zufälliger war ich genau dann mit der Arbeit fertig, als auch Herr Borer sein Interview beendet hatte und stiess freundlich lächelnd im Flur mit ihm zusammen.

Mein Standard-Sprüchlein kennen Sie schon, das wandte ich auch beim Ex-Botschafter an, und da ihm keine Zeit zum Überlegen blieb, sagte er bloss «ehm, ja Frau Wernli...» und ich solle das Datum doch bitte mit seiner PR-Agentur festlegen. Aber gerne, Herr Borer. Überrumplungstaktik aufgegangen.

Neun hin- und hergesandte Emails benötigte es dann mit seiner PR-Beraterin, bis der Termin feststand, am Schluss war ich fast bereit gewesen, das Ganze abzusagen.

Aber immer noch lieber fünfzig Emails als *ein* Bodyguard: Als Thomas Gottschalk einmal mit ‹Wetten dass...?› in Basel war, wollte ich ihn natürlich ins CinéBâle einladen; keine Chance. Am Nachmittag zuvor war ich extra zur Pressekonferenz ins Stadion gepilgert, hatte mit aller Überzeugungskraft den Presse-Heini bearbeitet, damit er mich zu Thommy durchliess und ich ihn persönlich sprechen konnte, ich war sogar bis zum abgesperrten Bereich vorgedrungen… und dann war Ende. Dort hatte mich der Security-Bursche endgültig gestoppt; auch mein für solche Situationen geübtes Engelslächeln hatte nichts daran ändern können. «Wenn Thomas keine Lust hat, dann hat er eben keine Lust.» Die Schadenfreude in seinen Augen sehe ich heute noch.

Bei einem anderen deutschen Talkmaster, Stefan Raab von ‹TV Total› hatte die Möglichkeit zu einem persönlichen Interview zu einem Zeitpunkt bestanden, jedoch hatte ich

sie nicht wahrgenommen. Ich war vor etwa drei Jahren als Gast in seiner Sendung ‹TV Total› eingeladen. Sie fragen sich nun, die Wernli, wieso denn das? Ganz einfach:

Während der Live-Nachrichten war mir ein dummer Versprecher passiert, auf den ich nun nicht näher eingehen will, er war wirklich dumm, sogar peinlich. Ein Zuschauer hatte den Aussetzer aufgenommen und das Band Stefan Raab geschickt. Daraufhin wurde ich von seiner Assistentin kontaktiert, die sagte, der Versprecher sei so lustig, dass ich unbedingt in die Sendung kommen müsse.

Ich war skeptisch, denn ich kannte die Show und wusste, wie ihr Boss mit seinen Gästen umging, zum Teil nicht gerade zimperlich. Einerseits wäre es sicher eine Chance gewesen, vor einem Millionenpublikum aufzutreten, andererseits wollte ich mich nicht auf diese (seine) Art der Unterhaltung einlassen. Ich wollte mich nicht blossstellen lassen und mein Missgeschick vor laufender Kamera hätte ihm dazu mehr als Gelegenheit geboten.

Wenn die Einladung von einem dritten deutschen Talkmaster, einem gewissen Harald Schmidt gekommen wäre, hätte ich alles stehen und liegen lassen und den nächsten Flug nach Köln genommen, denn diesen Mann bewundere ich absolut. Aber für einen Versprecher wurde man bei Harald Schmidt zum Glück noch nicht eingeladen. Und da Raab nicht Schmidt war, lehnte ich dankend ab.

Die Assistentin liess jedoch nicht locker. Sie erklärte mir, dass sogar Stefan meinen Versprecher auf dem Band gesehen hätte und ausrichten liess, ich möge doch bitte kommen. Ausserdem sei am vorgesehenen Datum noch ein holländischer Talkmaster, nämlich Rudi Carrell zu Gast, was für mich doch toll wäre, denn das hiesse hohe Einschaltquoten. Das hatte tatsächlich verlockend geklungen, so überlegte ich es mir noch einmal und teilte ihr schliesslich mit, ich würde in seine Sendung kommen, wenn er auch in meine Sendung käme. Etwas klein und lächerlich bin ich mir dabei schon vorgekommen, aber ein Versuch war es wert gewesen. Sie hatte das Angebot gut gefunden, meinte aber, er werde das wohl erst tun, nachdem er mich persönlich kennengelernt habe und eben, wenn ich zu ihm käme, könne ich ihn am besten gleich selber darauf ansprechen. Klar, logo. Ich verzichtete auf meinen Auftritt bei ‹TV Total› und habe es nie bereut.

Von Stefan wieder zurück zu Thomas, zu Dr. Thomas Borer. Sein Besuch im CinéBâle war für die Sendung ein kleiner Erfolg gewesen, denn der Ex-Botschafter hatte in diesem Jahr zu den Personen gehört, über welche in der Schweizer Presse am meisten geschrieben wurde.

Natürlich hatte ich ihn auf sein Gerangel mit dem Boulevardblatt ‹Blick› angesprochen, wollte etwas über seine texanische Frau Shawne erfahren und dem Publikum überhaupt zeigen, wie er war, wenn er nicht über Vergleiche und Strategien redete. Ich fand meine Fragen ziemlich gut. Sensations-Antworten hatte ich mir nicht erhofft, aber doch einen kleinen Einblick in die Welt des Thomas Borer als Menschen, nicht als Geschäftsmann.

Ich hatte mich verkalkuliert. Der Diplomat blieb die ganze Sendung über Diplomat und spulte seine Antworten einfach herunter. Ich hatte das Gefühl, dass er schon vorher wusste, welchen Punkt er im Interview herüberbringen wollte und dies auch geschickt tat. Er war für mich absolut nicht fassbar. Wenn Sachlichkeit einen Namen hätte, dann hiesse sie Thomas Borer.

So war das Gespräch durch Pragmatik und Diplomatie beherrscht, einmal etwas Neues für CinéBâle. Zum Schmunzeln brachte mich dann sein Eintrag im Gästebuch...

Es war mir ein
großes Vergnügen, ein-
mal mehr in meiner
Heimatstadt die
Fernsehzuschauer zu
langweilen.

Manas Torro

Mahara McKay
Model und DJ

«Du bist schön und erfolgreich. Spürst Du manchmal den Neid der Leute?»

«Im Modelbusiness nicht, aber beim Auflegen sehr oft. Die Leute haben oft Vorurteile und denken, ich soll doch einfach nur schön sein, alles andere ist nicht mein Business. Man wird abgestempelt und das ist recht hart. Jeder darf seine Meinung haben, aber ich finde es unfair wenn man aus purer Eifersucht versucht, mich fertig zu machen. Ich bin mich nonstop nur am Beweisen und das frustriert mich.»

«Hat sich Dein Bild von den Medien nach deinem Miss Schweiz-Jahr verändert?»

«Ja. Ich hatte mich danach von den Medien zurückgezogen. Ich glaube, dass sie nichts Gescheites mehr zu berichten haben und deshalb irgendetwas schreiben. Ich wurde zum Teil falsch dargestellt, arrogant und egoistisch. Dann dachte ich, oh mein Gott, das hab' ich doch gar nicht so gesagt, das kann doch nicht ich sein. Mein Satz wurde völlig aus dem Zusammenhang gerissen. Auch der Blick hat Dinge behauptet, die gar nicht stimmen, einen völligen Mist.»

Es hatte sich anscheinend im Hause herumgesprochen, dass Mahara McKay mein Gast sein würde, und ich staunte nicht schlecht, als am besagten Tag das Studio plötzlich voller Leute war: Kameraleute, Tontechniker, Studioleiter und Praktikanten; alle waren sie da und es herrschte emsiges Treiben. Einer hantierte an der Kamera herum, ein anderer polierte das Getränketischchen, ein Dritter schraubte die Studiowände zusammen und sogar die Kinoplakate wurden ein zweites Mal aufgehängt. Wo ich sonst manchmal ein Weilchen brauchte, einen Kameramann aufzutreiben, da diese immer ausgelastet sind oder einen Aufnahmeleiter, der den Teleprompter bediente, an diesem Tag waren sie von alleine da, es war wie ein Wunder. Das Wunder ausgelöst hatte Mahara McKay, Model und DJ.

Als sie durch die Tür hereinkam, waren auch meine ersten Gedanken: «Wow... was für ein Körper!». Mit ihren eins achtzig und der gertenschlanken Figur war sie eine äusserst graziöse Erscheinung. Ihre knallengen, tiefgeschnittenen Jeans und ihr schwarzes, halb-durchsichtiges Oberteil unterstrichen dies noch. Mit einem kleinen Anflug von Neid blickte ich in die Gesichter der Crew, die fast unbeweglich dastand und sie anstarrte.

Mahara McKay kannte ich schon von einem früheren Interview und hatte sie immer gern gemocht. Trotz ihrem tollen Aussehen und dem anhaltenden Erfolg auch nach ihrer Miss-Zeit war sie natürlich und auf dem Boden geblieben. Nachdem ich sie allen vorgestellt hatte, löste sich die Starre langsam und wir konnten mit der Arbeit beginnen. Nicht arrogant und egoistisch, sondern schüchtern und etwas unsicher wirkte sie auf mich während des Gesprächs, was nicht unbedingt zu einer Miss passte. Deshalb hätte sie sich auch nie richtig wohl gefühlt in dieser Branche, erzählte sie uns. Ich sprach ich sie auf die Medien an. Dass Journis für satte Schlagzeilen schon mal Sätze aus dem Zusammenhang rissen oder die Wahrheit zum Teil aufs Äusserste strapazierten, war nichts Neues. Als Promi müsse man eine dicke Haut haben und damit umgehen können, klärte Mahara McKay auf. Dass es sich damit nicht immer einfach leben lässt und schmerzhaft sein kann, verriet die Frustration in ihren Augen.

Wir wissen aber – und das geht an die angehenden Schönheitsköniginnen – die Welt gehört den Mutigen und... eine Elefantenhaut kann man sich antrainieren.

Florian Schneider & Stephanie Eymann
Opernsänger & Jus-Studentin

«Florian steht im Rampenlicht und hat viele Fans. Stephanie, wie gehst Du damit um wenn Du merkst, dass sich eine Frau an ihn heranmacht?»

Stephanie Eymann: «Zuerst einmal gelassen. Ich bin nicht eifersüchtig aus Prinzip, da muss es schon konkrete Anhaltspunkte geben...»

Florian Schneider (schüttelt schmunzelnd den Kopf): «Aber dann, aber dann...!»

Stephanie Eymann (lacht): «Ja genau, aber wenn es dann mal soweit ist, kann ich schon ziemlich...»

Florian Schneider: «Wenn sie eifersüchtig ist, spürt man das ganze Feuer, dann brodelt es. Es gibt doch nichts Schöneres, als wenn mir die Geliebte soviel Energie gibt, so fest zeigt, dass sie mich gerne hat und um mich kämpfen würde.»

«Bist Du auch eifersüchtig?»

Florian Schneider: «Richtig ausgeflippt bin ich noch nie. Und wenn, dann bringe ich das schnell wieder in Ordnung, haue ihm ein paar auf die Nase oder so...» (grinst). «Nein, aber ernsthaft: man muss sich da schon ein bisschen wehren wenn...(schlägt mit der rechten Faust in die linke Hand) wenn sie nicht so tun, wie sie sollten.»

Emotionaler als bei Diplomaten ist es bei Opernsängern zugegangen: Florian Schneider hatte ich zusammen mit seiner Lebenspartnerin Stephanie Eymann eingeladen.

Er, der männliche, charismatische Musicalstar, und sie, die zwanzig Jahre jüngere Schönheit und Studentin; ein wahrlich interessantes Paar, das ich da vor mir hatte. Die zwei hatten mich an ‹The Beauty and the Biest› erinnert.

Zwanzig Jahre Altersunterschied, das schrie geradezu nach der Frage «Was kann dir ein älterer Mann geben, das du von einem gleichaltrigen nicht bekommst?».

«Es ist wahrscheinlich, weil er Dinge nicht mehr durchmachen muss, die ich noch durchmache», erwiderte Stephanie Eymann. «Alltägliches wie Probleme an der Uni und solches Zeug. Er hat das hinter sich und sieht darum vieles gelassener. Florian ist mein ruhiger Pol und somit ergänzen wir uns sehr gut. Und auch umgekehrt kann ich ihm Ratschläge erteilen, bei Fragen, auf die er keine Antworten findet.» Das klang simpel und einleuchtend.

Bei Florian Schneider verkniff ich mir die Frage natürlich und wollte stattdessen von ihm wissen, ob eine gut funktionierende Beziehung wie die ihre viel Arbeit benötigte.

«Unsere Liebe erfordert nicht viel Arbeit», erklärte er. «Solange man immer noch ein gutes Wort zusammen hat und die andere Person merkt, dass man noch spitz auf sie ist, genügt es vollkommen als Erhaltungsmassnahme für die Liebe.»

Wenn doch alles so einfach wäre.....

Karl Odermatt
Kultfussballer

«Hatten Dich Deine Eltern unterstützt, als Du als Junge Fussballer werden wolltest?»

«Wenn ich daran denke, bekomme ich eine Gänsehaut. Ich musste meine Fussballschuhe immer verstecken und habe nie sagen dürfen, dass ich Fussball spiele. Mein Vater hatte es mir verboten, solange ich nicht besser war in der Schule. Ich hatte es heimlich getan.»

«Wie waren seine Erziehungsmethoden, falls er es trotzdem herausfand?»

«Er hat mich geschlagen. Das war damals die Situation: Man hatte wenig Geld und machte daraus das Beste. Fussballspielen war für mich die Erlösung von der Familie. Ein Jahr später hatte mein Vater uns verlassen und mit meiner Mama und meiner Schwester haben wir die Familie durchgebracht.»

«Als Du später so erfolgreich wurdest, war Dein Vater bestimmt stolz auf dich. Ist er dann auf dich zugekommen?»

«Nachdem ich ihn jahrelang nicht gesehen hatte, kam er nach einem gewonnenen Meistertitel vorbei und fragte mich nach einer Unterschrift. Ich sagte zu ihm: wenn man jemanden fast verhungern lässt, bekommt man auch keine Unterschrift. Ich hatte ihm keine gegeben. Er wohnt heute noch in Basel, aber ich habe ihn nie mehr gesehen.»

Gänsehaut hatte auch ich bekommen, als ich den Erzählungen von Karl Odermatt lauschte. Und auch die Zuschauer waren offensichtlich beeindruckt, die Reaktionen auf das Interview waren zahlreich und halten bis heute noch an.

Fussballprofis ins CinéBâle einzuladen, war immer ein Vergnügen gewesen. Sie waren sehr dankbare Gäste, nicht nur, weil sie ohne Wenn und Aber gerne zum Interview kamen, sondern auch, weil sie spontan und ehrlich aus ihrem Leben erzählten und damit stets für ein spannendes und unterhaltsames Gespräch sorgten. Mit einem Fussballer in der Sendung konnte ich nie falsch liegen, in einer fuss-ballverrückten Stadt wie Basel war damit Erfolg garan-tiert. Ausserdem gingen mir dank dem FCB nie die Gäste aus, denn mit elf (erneuerbaren) Spielern, Trainer und Entourage hatte ich jederzeit genügend Nachschub.

Normalerweise sorgt die Moderatorin oder der Moderator dafür, dass sich der Gast wohl fühlt. Im Fall von Karl Odermatt war es umgekehrt: Mir war wohl mit ihm, ich fühlte mich wie eine alte Freundin, der er auf der Wohn-zimmercouch Geschichten erzählte, dabei waren wir uns fünf Minuten zuvor zum ersten Mal begegnet. Die sanfte Stimmung, die zwischen uns herrschte, hatte viel zu sei-nem Erzählwillen beigetragen, sagte mir der Basler Kult-fussballer später. Seine Biografie war eine der prägnante-sten im CinéBâle überhaupt.

Einer seiner Fans hatte mir danach das Buch von Karl Odermatt geschickt, ein anderer schenkte mir eines mit den lustigsten Witzen über Star-Kicker, das ich beim näch-sten FCB-ler anwenden konnte. Und ich glaube, es war kurz nach dem Karl Odermatt-Interview gewesen, als eine wei-tere Überraschung auf mich wartete....

Nach der von mir moderierten Newssendung ‹7 vor 7› war ich noch einige Dinge am Erledigen, als ich einen Anruf erhielt und eine unbekannte aber freundliche Stimme sagte, ich solle bitte nach draussen gehen, jemand würde auf

mich warten. Etwas verwirrt, aber neugierig wie ich bin, war ich der Aufforderung gefolgt.

Das Bild, das sich mir dann geboten hatte, werde ich nie vergessen: An der Strassenecke standen drei Mariachis mit riesigen Sombreros und erwarteten mich mit einem breiten Grinsen. Der vierte hielt den Kopf gesenkt, so dass sein Gesicht vom Hut verdeckt war. Er war wohl der Initiant dieser Aktion. Als ich mich ihnen näherte, begannen sie, herzzerreissend «Besameeeeeee muuucho!» zu singen.

Bis zu diesem Zeitpunkt hatte noch nie jemand für mich gesungen. Ich war berührt und fand es wunderschön. Ich lächelte die Musiker dankend an und klopfte als Zeichen der Anerkennung mit dem Fuss rhythmisch auf den Boden.

Da wir auf dem Trottoir der gut befahrenen Austrasse in Basel standen, mussten wir den vorbeifahrenden Fahrzeugen ein spezielles Bild geboten haben, denn von meinem Augenwinkel aus sah ich, wie Köpfe sich nach uns reckten, um das Spektakel genauer zu betrachten. Autofenster wurden heruntergelassen, es wurde gepfiffen, geklatscht und mitgesungen; ich wähnte mich plötzlich inmitten eines mexikanischen Volksfestes. Nur war ich bei dieser Party der einzige Gast, der nicht mitfeierte, sondern steif und verkrampft auf dem Pflaster klebte, sich nackt fühlte und hoffte, das «Beeesameeeee!» werde bald vorbei sein.

Weit gefehlt. Die Mariachis setzten fröhlich zur zweiten und dann zur dritten Strophe an und ich wusste nicht mehr, wohin ich meinen Blick richten sollte, von überall her waren Augenpaare auf mich gerichtet. Vor lauter Lächeln taten mir nun auch die Wangen weh. Dann endlich, ganze drei Strophen und eine Ewigkeit später war die Vorstellung vorbei und ich bedankte mich bei den Musikern. Auch für die Zaungäste war die Show zu Ende und sie fuhren weiter, natürlich nicht, ohne nochmals kräftig auf die Hupe zu drücken...

Nun war der Zeitpunkt gekommen, an dem der vierte, bisher unerkennbare Hut-Träger sich zeigte. Er hob den Kopf, hielt mir ein Blumensträusschen entgegen und stellte sich vor. Da wusste ich, wer es war: Ein langjähriger Zuschauer, der mir zu meinen Sendungen oft professionelle Kommentare abgab und von dem ich stets konstruktive Kritik zu meiner Arbeit erhalten hatte. Dies wurde von mir immer sehr geschätzt. Vielen Dank!

Noch am selben Abend erzählte ich meinen Freunden von dem Ständchen und seither werde ich von ihnen nur noch mit «Beeeeesameee muuucho!!!!!» begrüsst…

Susanne Leutenegger Oberholzer
Nationalrätin

«Wie reagieren Menschen auf Sie, eine Frau mit Profil?»
«Unterschiedlich. Bei den Männern bemerke ich viele Angstreaktionen, wenn eine Frau gut ausgebildet ist und selbstbewusst auftritt, was ich tue. Ich hörte auch, dass ich stur, arrogant und kein Teamplayer sei. Im Wahlkampf wurden sogar Dinge wie meine Bekleidung oder meine Handtasche kritisiert. Es lief völlig auf persönlicher Ebene ab, nicht auf politischer.»
«Sind Sie ein eifersüchtiger Mensch?»
«Eifersucht ist ein Ausdruck von Festhalten wollen und von mangelnder Selbstsicherheit, von Kontrolle halten über alles....Ja, ich bin eifersüchtig und finde das gar keine gute Eigenschaft.»
«Sie sind also ein kleiner Kontrollfreak?»
«Nach der Erfahrung der Wahlniederlage habe ich begonnen zu überlegen, dass ich dies ändern muss. Ich sollte nicht immer alles kontrollieren wollen, sondern es einfach fliessen lassen. Und Eifersucht ist natürlich ein sehr starker Ausdruck von diesem Kontrollbedürfnis.»

Empört gewesen war ich über den Übernamen, den man ihr in gewissen Kreisen gegeben hatte: ‹Susanne Leuteschinder Obermotzer›.

Ich hatte die Nationalrätin zwar nur in meiner Sendung erlebt, habe sie weder auf dem politischen Parkett noch privat angetroffen, jedoch hatte ich eine warme, sensible, einfühlsame und zum Teil auch etwas unsichere Frau kennengelernt. Harte Schale, weicher Kern eben, und der Film dazu war ‹Frida›, natürlich kein Zufall.

Überall wo ich erwähnte, dass die SP-Politikerin mein nächster Gast sein würde, löste ich eine Kette von Reaktionen aus, die von positiv-überrascht bis kritisch-aggressiv reichten. Dies machte Susanne Leutenegger Oberholzer für mich umso interessanter. Die Frau polarisierte wie keine andere Politikerin in der Region. Ihre Ecken und Kanten boten mir Gesprächsstoff und dem Zuschauer ein spannendes Gespräch, und so war sie genau richtig für CinéBâle.

Die Baselbieter Nationalrätin liess mich überrascht aufhorchen als sie von sich selber sagte – vor laufender Kamera – dass sie ein eifersüchtiger Mensch sei und die anderen ständig kontrollieren wolle. Diese Aussage fand ich stark und bemerkenswert. Eine unschöne und wenig lobenswerte Eigenschaft 1) an sich feststellen, 2) dazu stehen und 3) es nach aussen kommunizieren, einem Publikum von über 100'000 Zuschauern, war sicher nicht einfach. Könnten Sie das...? Könnte ich das...?

Oft bewunderte ich Denkweisen oder Äusserungen von Gästen und versuchte, etwas von den vielen Gesprächen und Diskussionen, die ich mit den Persönlichkeiten in all den Jahren geführt hatte, für mich mit auf den Weg zu nehmen.

Was übrigens die Handtasche und die Kleidung von Frau Leutenegger Oberholzer betrifft, so finde ich, hat sie einen ausgezeichneten Geschmack. Und ausserdem, wer motzt denn schon nicht gerne…?

Zoë Jenny
Schriftstellerin

«Wie beschreibst Du Dich?»

«Ich bin extrem ungeduldig. Vor allem mit mir selber, aber auch mit anderen Leuten. Ich bin lebensfreudig, aber auch das Gegenteil, melancholisch. Eigentlich alles im Extrem. Ich habe eine sehr gereizte Wahrnehmung, das heisst, ich nehme sehr viel wahr zur gleichen Zeit und bin daher auch sehr wach.»

«Ich habe gehört, Du magst die Medien nicht sehr. Stimmt das?

«Das ist ein zweischneidiges Schwert. Einerseits ist es wichtig für meinen Beruf, da bin ich auch bereit, mit den Medien zu arbeiten. Andererseits habe ich dumme, gemeine und auch sexistische Dinge über meine Arbeit gelesen und das tut mir sehr weh. Es kann sehr unangenehm und auch bedrohlich sein».

«Wie gehst Du mit harter Kritik um?»

«Wenn man sich ernsthaft mit meinem Text auseinandersetzt, kann es mich auch interessieren und ich kann damit umgehen. Aber es gibt ein gewisses Niveau, das ich nicht mehr akzeptieren kann und dann geht es mich auch nichts mehr an. Man hat sehr viel auch mit frustrierten Leuten zu tun.»

Da ich bekennender S.King/B.Woods/S.Sheldon-Fan bin, stand der Name Zoë Jenny nie zuoberst auf meiner Bücher-Liste. Dann hatte ich ihren Roman ‹Das Blütenstaubzimmer› gelesen, später auch ‹Der Ruf des Muschelhorns› und beschlossen, dass sie mein nächster Gast sein würde. Schon ihr Name klang wie ein kleines Gedicht, da wunderte es nicht, dass Poesie auch in ihren Genen lag.

War richtig schön und
hat sogar Spass gemacht

Mach weiter so

Alles Liebe

Joü

13. 6. 001

Ich durchforschte Telefonbuch und Redaktion nach einer Nummer der Basler Autorin, fand jedoch nichts. Niemand wusste, wo sie sich gerade aufhielt (man munkelte, sie hätte sich aus persönlichen Gründen nach Berlin zurückgezogen, um dort ihr nächstes Buch zu schreiben), und ihr letzter Telebasel-Auftritt lag Jahre zurück. Ausserdem gebe sie nicht gerne Interviews, da sie mit der Presse nicht auf gutem Fusse stehe. Nicht einmal Willy Surbeck und sein Laptop konnten mir helfen, das wollte ja etwas heissen. Wie weiter also?

Die Informanten. Etliche Anrufe und mehrere Stunden später erhielt ich den Hinweis, dass Zoë Jenny mit Arthur Cohn, dem Filmproduzenten befreundet sei. Telefonbuch her! Trotz der sechs Oskars war Arthur Cohns Nummer eingetragen, man glaubte es kaum.

Mein Vorteil war, dass er mich kannte, auch meine Sendung, sogar meine Mutter (!), deshalb konnte ich ohne weiteres bei ihm anrufen und um Hilfe bitten.

«Ich kann nicht versprechen, dass es klappen wird, aber ich werde es versuchen... wann sehen wir uns in Hollywood?» Ich wusste, dass ich mich auf ihn verlassen konnte.

«Arthur, wenn Du eine Rolle in Deinem Film für mich hast....»

Noch am selben Tag rief mich seine (supernette) Assistentin an, um mir Zoë Jennys Nummer zu geben.

Da ich von der besagten Medien-Abneigung der Schriftstellerin wusste, war mein Vorgehen etwas anders als üblich. Als ich Zoë Jenny in Empfang nahm, gingen wir nicht wie gewöhnlich gleich ins Studio, sondern setzten uns in den Garten, wo sie sich eine Zigarette anzündete und wir einen Kaffee tranken. Ich spürte, dass sie etwas nervös war, und ein seltsamer Ausdruck lag in ihren Augen, eine Mischung aus unsicher und herausfordernd. Ihre roten Lippen leuchteten in der Sonne, die Haare sassen perfekt – wie sie mir erzählte, war sie zuvor extra noch zum Coiffeur gegangen – und der weisse Hosenanzug liess sie sehr damenhaft und hübsch erscheinen.

Um sie vergessen zu lassen, wo sie sich gerade befand, plauderte ich mit ihr über dies und jenes – den Coiffeur, das Make up, die Kleidung – bis wir schliesslich bei den Männern landeten. Es überraschte mich immer wieder, wie rasch frau zu diesem Thema fand, Zoë Jenny und ich kannten uns noch keine zehn Minuten. Das musste mein Rekord gewesen sein.

Es tat jedoch nichts zur Sache und so begann ein munteres Gespräch über unsere Vorlieben, Ansprüche, Erwartungen und... warum Männer oft nicht in der Lage sind, diese zu erfüllen. Wir lachten über gewisse Gemeinsamkeiten und Erfahrungen, die wir beide schon gemacht hatten. Die Erkenntnis, dass wir in vielerlei Hinsicht ähnlich dachten, machte uns in diesen Minuten zu Verbündeten.

Dann war die Zigarette zu Ende geraucht, der Ruf des Regisseurs ertönte, und das angenehme Gespräch zwischen Blütenstaub und Rosenduft gehörte der Vergangenheit an.

Hans Martin Tschudi
Regierungsrat

«Die James Bond-Girls sind ein Hingucker. Wie ist das bei Ihnen – als Regierungsrat – haben Sie auch Phantasien, wenn Sie eine schöne Frau sehen? Unterdrücken Sie diese dann oder können Sie diese ausleben?»

«In meinem politischen Leben komme ich gar nicht so oft in die Lage, dass meine Gedanken derart abschweifen. Und wenn, dann schweifen sie dahin ab, wo ich hingehöre (schmunzelt). Ich bin nach vielen Jahren immer noch glücklich verheiratet.

Selbstverständlich – und das soll man auch nicht verleugnen – schweifen Gedanken ab und zu auch ab. Aber ich denke, das ist für mich kein spezielles Problem. Da ist James Bond sehr viel grosszügiger in seinen Gedanken und seinem Leben.»

«Als erwachsener Mann schwärmen Sie sehr von James Bond-Filmen. Was fasziniert Sie so an 007?»

«Ich finde die Entwicklung der Technik toll: Der Aston Martin, der fliegen kann, ein Ring, der eine Explosion auslöst... Diese Erfindungen, kombiniert mit dem Typ James Bond, zielbewusst, schlau und gerissen und mit britischem Humor, das ist faszinierend.»

Oskarreif war es auch, den Basler DSP-Regierungsrat Hans Martin Tschudi über den Sexappeal der schönen Halle Berry im ‹James Bond 007› reden zu hören.

Mit dem smarten Agenten hatte ich natürlich einen hervorragenden Grund, das Thema anzusprechen. Auf die Frage, ob er Halle Berry sexy finde, meinte er:

«Halle Berry halte ich für eine reizende, amazonenhafte Erscheinung, wie sie da im Film dem Wasser entsteigt,

aber meinen Geschmack erkennen Sie an meiner eigenen Frau. Ich stehe auf sportliche Frauen, die anpacken und mitmachen und so ist meine eigene die Beste.» Schönes Kompliment.

Amazonenhaft hübsch ist die 007-Darstellerin übrigens auch in Wirklichkeit, nicht nur auf der Leinwand. Als ich in Los Angeles einmal als Statistin an einem ihrer Filme arbeitete, begegnete ich Halle Berry auf dem Set und fand sie von nahem noch atemberaubender.

Um sich neben der Schauspielschule etwas Geld zu verdienen, jobbten viele Studenten und angehende Schauspieler als Statisten in Produktionen, sei es in Kinofilmen oder Sitcoms. Da ist es normal, dass einem von Zeit zu Zeit mal ein Star über den Weg lief; diese Erfahrung durfte auch ich einige Male machen. Die Begegnung war meist kurz, man kreuzte sich auf dem Set oder schnappte sich während der Drehpause gleichzeitig einen Keks vom Catering, falls sich der Star dann nicht gerade in seinem privaten Wohnwagen massieren liess.

Die meisten grüssten freundlich (Tom Hanks, Arnold Schwarzenegger), manchmal waren sie etwas arrogant (Jennifer Aniston), andere schüchtern (Christian Slater) und einer war genauso, wie man ihn aus dem Fernsehen kannte: Al Bundy alias keine Ahnung, wie er mit richtigem Namen hiess. Sie kennen ihn aus der Sitcom «Eine schrecklich nette Familie». Bei dieser Show wurde ich mehrmals eingesetzt, und die Arbeit hatte mir dort am meisten Spass gemacht, was zum grossen Teil an Al Bundy selber lag.

Für eine Szene am Venice Beach wurde im Studio ein Strand mit echtem Sand nachgestellt, und während sich Al

Bundy mit dem schönen Nachbar unterhielt, mussten ich und neun weitere Girls im Bikini zehn Mal im Hintergrund hin- und herrennen, damit das Strandbad authentisch wirkte. Zehn Mal, weil Al so viele Takes benötigte, um die Szene im Kasten zu haben.

Zugegeben, Statistenarbeit war nicht gerade das Highlight meiner Schauspielkarriere, aber auch Robert de Niro hatte einmal klein angefangen. Die Tagesgage für einen solchen ‹Auftritt› betrug damals $ 80, was in der Branche üblich war. $ 40 für normale Statistenarbeit, $ 40 extra für Bikinizuschlag, macht $ 80. Es war unvergesslich.

James Bond war ich nicht persönlich begegnet, ich hatte auch nie den Auftrag erhalten, im Hintergrund an einem geschüttelten Martini zu nippen, dafür hatte ich immerhin einen seiner grössten Fans in meiner Sendung gehabt. His name was Tschudi, Hans Martin Tschudi.

Arthur Cohn
Filmproduzent

«Was heisst persönliches Glück für Sie?»

«Es heisst, dass ich versuche, jedem Tag einen Glanzpunkt aufzusetzen. Ich mache etwas – auch für andere – das meist nichts mit meiner Filmtätigkeit zu tun hat.»

«Man hat den Eindruck, dass Sie ein ernster Mensch sind. Ist das so?

«Ich nehme das Leben so, wie es kommt und meistens ist es halt nicht so lustig. Aber ich versuche, den positiven Seiten etwas abzugewinnen.»

«Was raten Sie jungen Leuten, die erfolgreich sein wollen?»

«Das Wichtigste ist, dass man an sich selber glaubt. Denn wenn man das nicht tut, kann man von niemandem erwarten, dass er an einen glaubt. Man muss seine Ziele und seine Intuition verfolgen und darauf bedacht sein, sie durchzuführen, ohne auf Links und Rechts zu hören. Wenn die Ziele erreicht sind und kein Erfolg daraus wurde, hat man nie Reue, weil es die eigenen Träume waren. Aber es ist wichtig, dass man träumt, und nie damit aufhört. Denn wenn man aufhört zu träumen, hört man garantiert auch auf zu leben.»

Vier Oskars musste er gewinnen, damit man in seiner Heimatstadt Basel wusste, dass er überhaupt existierte. Nach dem fünften kannte man allmählich seinen Namen in Zusammenhang mit Filmen und schliesslich, nachdem er sechs (!!!) der wertvollsten Auszeichnungen der Filmbranche empfangen konnte – soviel wie kein anderer Produzent auf dieser Welt – erhielt er auch in unseren Breitengraden die Achtung und Ehre, die ihm gebührte: Arthur Cohn.

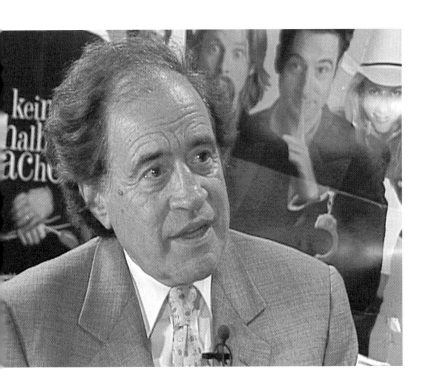

«Eidgenossen sind auch Neidgenossen», heisst es. Der Produzent konnte davon wohl ein Liedchen singen. Auf diese unschöne Schweizer Sitte angesprochen, antwortete er:

«Man muss eben damit leben. Je erfolgreicher man ist, desto mehr Leute gibt es, besonders in der Schweiz, die einem den Erfolg nicht gönnen und es nicht gerne sehen, wenn sich einer von der Menge abhebt. Ich habe mich damit abgefunden. Hier in der Region hatte ich mit der Zeit das Interesse der Öffentlichkeit gespürt; dank den steten Berichten vom Journalisten -minu ist man auf mich und meine Filme aufmerksam geworden und dafür bin ich ihm sehr dankbar.» Hatten wir ähnliche Worte nicht schon einmal gehört?

In Amerika, so erzählte er weiter, sei dies ganz anders. Schon bald nach seinen ersten Erfolgen wurde er als ausländischer Filmemacher hoch geschätzt. Später hatte er zudem als einziger europäischer Produzent einen Stern auf dem berühmten Walk of Fame in Hollywood erhalten, es wurde ihm der Ehrendoktor der University of Boston verliehen und der Bürgermeister von Los Angeles hatte einen Arthur Cohn Day ausgerufen.

Immerhin hatte es hierzulande zum Titel Ehrespalebärglemer gereicht....

Wie eine Kratzbürste hatte die Stimme von Arthur Cohn geklungen, denn er war heiser gewesen. Es war gewöhnnungsbedürftig für die Ohren aller Beteiligten, auch die der Zuschauer, aber was soll's. Einen Mann mit einem Stern auf dem Hollywood Boulevard und sechs Oskars im Sack lud ich ein, auch wenn ich dafür den Ricola-Laden stürmen musste (damit er sich trotz Erkältung wohl fühlte, hatte ich ihm jede Menge Hustenbonbons mitgebracht).

Das Gespräch war sehr zu meiner Zufriedenheit ausgefallen, aber das wirklich Schöne ereignete sich einige Tage später, als ich früh morgens meine Haustüre öffnete und der grösste Blumenstrauss, den ich je in meinem Leben erhalten hatte, vor mir stand. Das Bouquet war so schwer, dass ich es nicht heben konnte und mit der Vase am Boden entlang in meine Wohnung ziehen musste.

Mit diesem gut duftenden und in allen Farben leuchtenden Geschenk hatte sich Arthur Cohn für die Einladung im CinéBâle bedankt. Da habe ich verstanden, was persönliches Glück für ihn bedeutete.

Für Tamara —
(nicht Frau Werner)
vielen Dank
für ein spontanes
& langes Interview,
auf Wiedersehen
in Hollywood —

→ warum? ←

[signature]

Janina Martig
Model

«*Wie weit gehst Du für deine Karriere und wo sind Deine Grenzen?*"

«*Meine Grenzen sind ganz klar dort, dass ich keine Nacktaufnahme mache. Auch wenn zum Beispiel der Playboy anfragen würde, gäbe es von mir zum jetzigen Zeitpunkt ein klares Nein. Es gibt immer Shootings oder Shows, in denen man Haut sieht, das gehört dazu und das finde ich auch nicht schlimm. Aber sobald eine eindeutige Pose gezeigt wird oder sich einfach nackt ablichten lassen, das würde mir nicht entsprechen.*»

«*Was gefällt Dir an Deinem Äusseren am Besten?*»

«*Es gibt Leute, die meine Augen ansprechen... da muss vielleicht etwas dran sein.*»

«*Was gefällt Dir am wenigsten?*»

«*Ja Tamara, es ist nicht einfach. Es gibt Tage, an denen ich finde, dass ich totale Augenringe habe oder meine Haare nicht gut sind. Ich glaube, man ist nie ganz mit sich zufrieden, obwohl man das eigentlich sollte.*»

Den Modeleffekt hatte auch Janina Martig bei ihrem Besuch im CinéBâle ausgelöst. Nur war es diesmal etwas anders gekommen.

Wie immer gab ich bei Telebasel einige Tage vor dem Dreh bekannt, wer mein nächster Gast sein würde. Auch diesmal wurde meine Wahl allseits begrüsst.

Einige Stunden bevor das Model zum Termin erscheinen sollte, überreichte mir ein Mitarbeiter einen Brief und bat mich, ihn Janina Martig zu geben. Ich stutzte ein wenig, denn ich konnte mir denken, was für eine Art Brief es war und etwas in der Art hätte ich von ihm nicht erwartet. Aber ich lächelte ihn verschwörerisch an und versprach, den Boten zu spielen.

Und dann kam sie hereingestöckelt, in einem sexy, creme-farbenen kurzen Wollkleid, hochhackigen weissen Stiefel-chen, makellosem Teint, schönen langen Haaren und gros-sen braunen Rehaugen. Ein wahrer Hingucker. Ich fand, eine ernsthafte Kandidatin für das nächste Bond Girl.

Als wir es uns in den Regiestühlen bequem machten, setzte sogleich ein angeregtes Gespräch über Schnürstiefel und Haarpflege ein, und der Brief war vergessen. Und als ich sie später verabschiedete, hatte ich dabei mehr an ihrem Kleid herumstudiert, als an etwas anderem.

Der Brief tauchte schliesslich wieder auf. Etwa eine Woche später, als ich nach einer 7vor7-Sendung den Re-gieraum betrat, waren einige Mitarbeiter versammelt, die an diesem Abend Produktion hatten und starrten mich grinsend an. Ich wollte wissen, was denn los sei und so hielten sie mir ohne zu antworten ein Blatt Papier vor die Nase, das Grinsen wurde immer breiter. Ich benötigte eini-ge Sekunden um zu realisieren, was es war. Der Brief für Janina. Aber was hatte das mit mir zu tun...?

Da das Blatt immer noch vor meinem Gesicht schweb-te, nahm ich den Brief und las die ersten Zeilen:

Meine allerliebste Schöne, endlich habe ich die Chance, Dir zu sagen, wie mega toll ich Dich finde…

Den Rest überflog ich kurz und stellte fest, dass nirgends Janina Martigs Name auftauchte, weshalb sie wohl annah-men, dass ich damit gemeint war.

«Oh nein, nein!» rief ich. «Der ist doch nicht für mich! Woher habt Ihr den Brief überhaupt?!» Sie blickten mich ungläubig an und erklärten, dass er mir einmal aus der Tasche gefallen sei und ich schon weg war, bevor sie ihn mir geben konnten. Leider hatten sie es dann wieder vergessen und der Brief (ohne Anschrift und Absender) war in der Regie herumgelegen, bis ihn schliesslich jemand öffnete und las. Dass der Inhalt für sie eine kleine Überraschung darstellte, konnte ich nachvollziehen.

Später hatte ich die ganze Angelegenheit mit dem Verfasser wieder in Ordnung gebracht; wer er war, weiss bis heute niemand. Am nächsten Tag ging ich in die Stadt und kaufte mir ein kurzes, weisses Wollkleid.

Viktor Giacobbo
Satiriker

«Man sagt, Sie seien eher der schüchterne Typ...»

«Es gibt Situationen, wo ich eher schüchtern bin, als in die Offensive zu gehen. Wenn ich privat unterwegs bin, nirgends eine Rolle spielen muss, beim Einkaufen zum Beispiel. Und Frauen gegenüber bin ich extrem schüchtern. Ich muss mich jetzt sehr zusammenreissen um...»

«Um...?»

«Um einigermassen locker zu wirken.»

« Das sind Sie sich ja sicher gewohnt...»

«Ja, ein wenig schon.» (schmunzelt)

«Die Öffentlichkeit weiss nicht viel über Sie. Erzählen Sie doch ein wenig. Gibt es etwas im Leben, das Sie gerne noch tun würden?»

«Batiktücher färben und verkaufen..., Ikebana. Ein wenig das Kunsthandwerkliche ausleben. Oder Laubsägen, da komme ich auch fast nie dazu. Ich säge Kühe aus, lackiere sie und stelle sie zuhause auf.»

(Zögern meinerseits)

«Wenn Sie sehen könnten, wie Sie mich jetzt anschauen!» (lacht)

Es ging dann noch weiter, aber den Rest will ich Ihnen ersparen.

Dass man einen Satiriker nicht immer ernst nehmen sollte, habe ich leider etwas zu spät erkannt. Leider sage ich, weil mich Viktor Giacobbo auf die Schippe genommen hat, und das nicht irgendwo, sondern in meiner Stadt, in meinem Revier, in meiner Sendung, im CinéBâle.

Man kann sagen, dem Viktor bin ich reingelaufen, in meiner Naivität und Sturheit, etwas Besonderes aus diesem

Mann herauszukriegen, von dem ausser seiner damaligen Liaison mit der Künstlerin Nadeschkin nicht viel bekannt war.

Wie dumm konnte man sein, wenn man erst noch überlegen musste, ob es stimmte, wenn der gute Viktor mir von Ikebana und Teppichknüpfen erzählte...? Es verstrichen mehrere Sekunden, in denen ich ihn mir beim Laubsägen vorstellte... und beim Teppichknüpfen. Vielleicht hatte er ja einfach ausgefallene Hobbies...? Ich versuchte in seinem Gesicht zu erkennen, ob das ein riesiger Schmarren war, den er mir da auftischte, aber da war keine Regung, ernst und aufmerksam wartete er auf meine nächste Frage. Ich musste dabei wohl sehr hilflos ausgesehen haben, denn er hatte plötzlich laut gelacht.

Den Zuschauern war meine Verwirrung und das Zögern nicht entgangen. Einige waren offensichtlich schneller als ich und merkten gleich, dass mich Viktor Giacobbo aufs Korn nahm (es lag sicher daran, dass man von aussen mehr Objektivität hat – so muss es sein!). Es gab Leute, die meine Unsicherheit als unprofessionell und dilettantisch abtaten. Das Internet-Gästebuch von Telebasel wurde tagelang vollgeschrieben mit beleidigenden Bemerkungen über meine Moderationen, meinen Fragestil, die Tiefe meines Ausschnittes, die Farbe meiner Haare und so weiter. Sogar die Grösse meiner Brüste wurde diskutiert, also wenn das nicht wichtig war, was dann? Die Verfasser dieser Einträge blieben anonym. Anonym blieben auch die Texter, die sich daraufhin für mich einsetzten und mein nun natürlich angekratztes Image wieder aufpolierten, das gekränkte Ego inbegriffen.

Kritik war berechtigt gewesen, das verneine ich nicht. Ich war zu wenig schlagfertig – nicht nur mit der Zunge, auch mit dem Hirn – und wenn man jemanden so kitzelt, muss man sich nicht wundern, wenn der Schuss dann mal hinten raus geht. Mea culpa.

So viele Intimitäten
erzählt wie hoch
wie...
Hat Spass gemacht!

[Unterschrift]

7.3.2002

Angelika Zanolari
Grossrätin

«Sie gelten als harte Frau und politisches Reibeisen, warum werden Sie so wahrgenommen?»

«Ich versuche immer, Klartext zu reden, das ist vielleicht nicht immer erwünscht. Ich werde auch als sehr dominant wahrgenommen, was ich auch bin, denn wenn ich etwas will, dann will ich es. Das kann viele Männer abschrecken.»

«Wie flirten Sie mit einem Mann, der Ihnen gefällt?»

«Ich weiss nicht, ob ich das heute auch noch so machen würde, aber früher bin ich immer sehr direkt auf meine Opfer zugegangen (lacht). Ich finde, auch eine Frau kann den ersten Schritt tun.»

«Was macht einen Mann für Sie erotisch?»

«Zuerst einmal ziehen mich seine Augen an, dann muss er eine bestimmte Ausstrahlung haben, er sollte attraktiv sein. Auch ist wichtig, was er beim ersten Gespräch so alles von sich gibt, vielleicht nützen ihm die schönen Augen dann gar nichts mehr. Im Generellen gefallen mir dunkelhaarige Männer mit blauen Augen.»

«Ich bin überzeugter Single». Angelika Zanolari, Basler Grossrätin, hatte das von sich behauptet. Eine interessante Aussage, der man auf den Grund gehen musste.

«Sind Sie einmal sehr verletzt worden, dass Sie so etwas von sich sagen können?» wollte ich wissen.

«Früher einmal, ja. Nur ist das schon lange her und vergessen. Heutzutage hat es sich einfach nicht ergeben. Wenn jedoch der Richtige vorbeikommt, sage ich nicht nein.» Das klang nach schmerzvoller Vergangenheit, das klang nach guter Story. Ich wollte unbedingt näher auf das eingehen und setzte zur nächsten Frage an, als in meinem

Kopf plötzlich Warnlampen aufleuchteten und eine unsichtbare Bremse gezogen wurde. Bis da und nicht weiter. Das war verbotenes Terrain. Auch wenn sie es nicht deutlich ausgesprochen hatte liess ihr Blick erkennen, dass sie diesen Teil ihres Lebens nicht hervorholen und auch nichts darüber sagen wollte. Ich war etwas enttäuscht, denn ich hatte mir schon eine romantisch-emotionale Geschichte erhofft, aber da ich auf mein Gewissen hörte und meine Gäste respektierte, übersprang ich das Thema und fragte sie, ob sie eine lustige Anekdote über Männer auf Lager hätte.

Nicht alle Gäste waren in so einem Moment spontan genug, ohne grosse Überlegung etwas Brauchbares aus dem Ärmel zu schütteln, die SVP-Politikerin war es.

Als Angelika Zanolari vor vielen Jahren eine Bar betrat, war ihr sofort der gutaussehende Typ ins Auge gestochen, der dort am Tresen stand und zu ihr herüberblickte. Sie hatte sich mit ihrem Glas Wein in seine Nähe begeben und bald darauf waren die beiden in ein angeregtes Gespräch vertieft, die Anziehung schien beidseitig.

Nach einer Stunde guter Unterhaltung und fröhlichen Flirtens stellte sie plötzlich fest, dass – Zitat – «der gute Mann» homosexuell war! Er hatte es, aus was für Gründen auch immer, nicht erwähnt und ihr war es erst jetzt aufgefallen.

Nachdem sie ihre Enttäuschung heruntergeschluckt hatte – dieser Typ hatte ihr wirklich sehr gefallen – mussten sie über die komische Situation lachen, und daraus war eine langjährige Freundschaft entstanden. Platonisch, versteht sich.

Mario Cantaluppi
Fussballprofi

«Fussballer sind beim weiblichen Geschlecht sehr beliebt. Hast Du diese Popularität je ausgenützt – vielleicht unbewusst – um so viele Frauen wie möglich zu erobern?»

«Sicher merkt man manchmal, dass man tun oder sagen kann, was man will und dass man es zum Teil ausnützt, ist menschlich. Ich war nie darauf aus, so viele Frauen wie möglich zu erobern, aber wenn ich wusste, dass sie zu mir offener war als zu anderen Männern, dann – sind wir ehrlich – kann es schon mal passieren. Vielleicht hatte man noch etwas Alkohol und ist sowieso lustiger, dann gibt man halt Gas. Wir sind auch nur Menschen.»

«Wie viele Tage kannst Du enthaltsam sein?»

«Wenn ich in einer Beziehung bin, ist das kein Problem, da könnte ich schon länger abschalten, denn es kann ja sein, dass sie krank ist oder so. Aber wenn ich Single bin, könnte ich es nicht lange, höchstens zwei Wochen, dann würde ich grausam wirbeln.»

Sie erkennen die Thematik: sexuelle Enthaltsamkeit. Ein Gesprächsstoff, über den ich nicht mit jedem Gast zu sprechen wagte, Himmel nein, aber auch einer, der besonders bei Profikickern interessante Fragen aufwirft und schon zu manchen Spekulationen und Gerüchten geführt hat. Und ein Thema, über das die befragten Herren gerne plauderten wie es schien; wie im Falle Herzog nahm auch FCB-Spieler Mario Cantaluppi kein Blatt vor den Mund.

Als erstes sprach ich das berühmt-berüchtigte Trainingslager an. «Man hört ja allerlei Geschichten, die sich da abspielen sollen....», begann ich. Den Satz liess ich betont locker im Raum stehen.

Breites Grinsen auf Marios Gesicht. Dann spitzbübisch:

«Was hörst Du denn so, Tamara?»

«Man munkelt zum Beispiel, dass nicht nur mit dem Ball auf dem Feld trainiert wird, sondern auch an anderen Orten.....», wiederum beiläufiger Gesichtsausdruck meinerseits.

Nun nahm er eine bequemere Sitzposition ein, griff zum Wasserglas, trank, setzte das Glas wieder nieder, betrachtete seine Hände.

«Ah ja....?»

Warnlampen leuchteten wieder auf und wiesen mich auf gefährliches Territorium hin, es betraf schliesslich nicht nur ihn, sondern die ganze Mannschaft. Ich hatte das Interview gemeinsam mit dem Produzenten zusammengestellt und wir befanden, dass die Fragen – wenn auch indiskret – legitim waren, schliesslich standen Profifussballer im Rampenlicht und mussten deshalb mit solchen Konfrontationen des öffentlichen Interesses rechnen.

«Ist da etwas dran oder sind das nur Gerüchte, die kursieren...?»

Immerhin hatte Mario Cantaluppi die Wahl, darauf einzugehen oder nicht. Und weil Mario eben Mario war, entschied er sich für die erste Variante.

«Ich sage jetzt mal, wenn ich Single wäre und die Möglichkeit dazu bestehen würde, geschieht das vielleicht im Trainingslager. Wir arbeiten dort wirklich sehr hart, man muss einmal abschalten. Da kann es schon mal vorkommen ... vielleicht auch im Hotelzimmer oder so... ich kann nicht sagen, dass das nie passiert, da wäre ich ja eine Witzfigur...».

Dass diese Aussage in der Basler Fussballwelt ein kleineres Erdbeben ausgelöst hatte, können Sie sich vorstellen. Um zwanzig Ecken herum erfuhr ich, dass daraufhin nicht

nur Aussprachen zwischen dem Fussballer und seiner damaligen Partnerin stattgefunden hatten, sondern dass er
seine Offenbarung auch vor den Spielerkollegen verant-
worten musste, was natürlich nicht so einfach war.

Der Mittelfeldstar des FCB rief mich deshalb am nächsten
Tag an und wollte, dass ich sofort die heiklen Passagen aus
dem Interview schnitt, bevor das Gespräch ausgestrahlt
wurde. Da er nicht mehr genau wusste, was er alles gesagt
hatte, überliess er es mir, die entsprechenden Stellen auszuwählen, ich wüsste schon, welche er meine. Es ginge ihm
dabei vor allem um das Trainingslager.

Ich will ja nur das Beste für meine Gäste, deshalb war
es klar, dass ich mir die Arbeit antun würde, die ganze
schon fertig geschnittene Sendung nochmals zu bearbeiten
und nach Aussagen zu durchsuchen, welche die Ehre der
Kicker gefährden könnte. Mario Cantaluppi hatte ich angeboten, dabei zu sein und die heiklen Stellen – um sicher
zugehen – selber auszuwählen, er hatte jedoch keine Zeit
dafür. Also flickte ich die Sendung nach meinem Gutdünken
wieder zusammen und strahlte die Sendung tags darauf
aus. Die weggeschnittenen Teile sind übrigens nicht in diesem Buch erwähnt.

Nun folgte das Nachbeben. Ein aufs Äusserste erregter
Willy Surbeck (vielleicht noch immer traumatisiert von der
Sache mit Jörg Schild und dem Stiftungsrat) forderte mich
auf, sofort ins Studio zu kommen.

Ein aufs Heftigste tobender Mario Cantaluppi hatte ihn
angerufen und verlangt, die Sendung auf der Stelle zu stop-
pen. Tamara Wernli habe ihn hintergangen und – Zitat –
«in die Pfanne gehauen». Statt wie versprochen die Intimitäten herauszuschneiden, hätte sie das Gespräch mit vielen

solcher Passagen belassen. Das musste er gestern schockiert feststellen, als er sich die Sendung zusammen mit seiner Freundin (auch das noch!) ansah. Das sei eine absolute Frechheit und er wolle sich über diese hinterhältige Moderatorin beschweren.

Was war da schiefgelaufen? Hatte ich zuwenig Feingefühl besessen, die restlichen gefährlichen Stellen zu erkennen? Was hatte er denn sonst noch raushaben wollen...? Andererseits war ich auch nicht bereit gewesen, alles interessante Material zu eliminieren, dann hätte ich die Sendung ja gleich absagen können.

Aber ich fühlte mich ob dieser krassen Anschuldigungen und Beschimpfungen schon etwas mulmig. Das hatte ich nicht gewollt.

Ich rief Mario Cantaluppi umgehend an und entschuldigte mich für das Missverständnis. Mein Empfinden, was ihn in Verlegenheit bringen könnte, hatte anscheinend mit seinen Vorstellungen nicht übereingestimmt. Ich liess mir von ihm aufs Peinlichste genau die Sätze nennen, welche das Drama ausgelöst hatten und da ich mich gleich an die Arbeit machte, beruhigte sich der Fussballprofi wieder.

Ich bin jedoch sicher, dass mir Mario Cantaluppi für dieses Foul die rote Karte gegeben hat, und ich von nun an bei Interviews gesperrt bin.

Roger Federer
Tennisprofi

«Als Tennisprofi hast Du bestimmt nicht viel Zeit, neue Leute zu treffen. Wie lernst Du eine Frau kennen?»

«Das ist immer ein Zufall, wenn man eine Frau trifft und vor allem, wenn sie dann zur Freundin wird. Meistens geschieht das über Kollegen oder gerade nach einem Spiel, wenn sie mich ansprechen kommt. Ist mir zwar noch nie passiert....» (schmunzelt)

«Du meinst, wenn ein Fan auf Dich zukommt?»

«Nein, kein Fan. Es müsste jemand sein, der mich gar nicht kennt. Aber das gibt es wohl eher selten...»

«Boris Becker war mit dreissig schon Rentner. Strebst Du dies auch an? Ist er Dein Vorbild?»

«Ja, aber nicht deswegen. Ich denke, er ist ziemlich relaxt mit seinen Millionen auf dem Konto. Wenn man genug Geld hat, gibt es einem Sicherheit und es ist gut, wenn man am Ende der Karriere soviel hat, dass man nichts mehr tun muss. Ich hoffe, dass dies bei mir einmal so sein wird, aber es ist nicht mein primäres Ziel. Mein Ziel ist es, die Rangliste zu stürmen und gut zu spielen.»

Die Idee, Roger Federer einzuladen, war in einem Moment der Wut entstanden. Sie hören Recht, Wut.

Gerade eine Intensiv-Tenniswoche in Mellau/Österreich hinter mir und noch voller Tennis-Elan, traf ich mich mit zwei Freunden für eine Trainingsstunde. Da drei für Tennis eine unbequeme Zahl war, riefen die Jungs eine Kollegin an, damit wir ein gemischtes Doppel spielen konnten.

Als die besagte Frau wenig später über den Platz geschritten kam, war es jemand, den ich nicht besonders mochte, Abneigung beidseitig. Ausgerechnet!

Liebe Tamara,

War echt heiss im Studio, aber wir haben es überstanden,

Also bis bald

Liebe Grüsse

Die Begrüssung war dementsprechend kühl verlaufen, dann hatte ich mich an die Seite des stärkeren Spielers gestellt und ihr den Schwächeren überlassen. Nun war es natürlich nicht mehr nur ein wenig Üben, nein, jetzt musste ich unbedingt gewinnen.

Das Dumme war, sie spielte hervorragend, viel, viel besser als ich. Ich bemühte mich zwar wie irre, hetzte hin und her, keuchte, schwitzte, gab alles. Es reichte nicht. Sie schien das sichtlich zu geniessen, denn bei jedem gewonnenen Punkt zog sie mit meinem Kollegen ein lautes Geschrei ab und sie schlugen ein ‹gimme five›. Ich kochte innerlich.

Wir hatten verloren, und dem obligaten Drink danach konnte ich auch nicht ausweichen. Mein Kollege hatte dann vorgeschlagen, ich sollte doch mal Roger Federer in meine Sendung einladen, vielleicht könne er mir ja einige Tipps geben... Er hatte das zwar lustig gemeint, etwas Falscheres hätte er mir in dem Moment jedoch nicht sagen können. Bevor ich mich so richtig hineinsteigern und eine scharfe Bemerkung in seine Richtung abgeben konnte, mischte sich meine alte Bekannte ein und meinte, dass es mir nie gelingen würde, Roger Federer für meine Sendung zu bekommen. Er sei viel zu beschäftigt mit Turnieren und hätte wohl wichtigeres zu tun, als sich in einer kleinen Talkshow im Stadtkanal zu zeigen. Genau das hatte den Ausschlag gegeben und am nächsten Morgen hatte ich, die Wut vom Vortag noch im Bauch, bei Federers Zuhause angerufen.

Damals - das war vor etwa vier Jahren - war es relativ einfach, den Tennisprofi für ein Interview einzuladen, er belegte auf der ATP-Rangliste Platz 36 und war noch nicht der Super-Mega Star, der er jetzt ist. Seine Schwester Diana war sehr hilfsbereit gewesen und hatte den Termin arrangiert.

Heutzutage ist so ein Vorhaben einiges komplizierter; der zweifache Wimbledon-Sieger weilt selten in der Schweiz, und wenn er einmal da ist, hat er wenig Zeit für Interviews, es sei denn, man kommt von einem grossen Schweizer TV-Sender. Die Prognose meiner damaligen-einmaligen Tennispartnerin würde heute also zutreffen.

Auch Roger Federers Prognose war eingetroffen; in die Fussstapfen seines Idols Boris Becker ist er mit dem zweimaligen Wimbledon-Sieg getreten, er machte ebenfalls einen relaxten Eindruck mit dem, was er auf dem Konto hatte, und sein Ziel war erreicht: er hat die Rangliste nicht nur gestürmt, sondern ist der beste Tennisspieler der Welt geworden. Gratulation, Roger.

Massimo Ceccaroni, Beat Schlatter, Trudi Gerster, Michael Schindhelm, Ernst Schneider, Marco Rima, Franco Knie, Piero Esteriore, Christina Surer, André Dosé

Es gäbe noch so viel zu berichten, beispielsweise dass Kultfussballer **Massimo Ceccaroni** während des Interviews so ungestüm mit den Händen umherfuchtelte, dass er dabei sein Wasserglas umstiess und wahrend der restlichen zwanzig Minuten mit nasser Hose dasitzen musste. Den anhaltenden Lachreiz zu überwinden und weiterzufahren, ohne sich etwas anmerken zu lassen, hatte uns beide grösste Anstrengung gekostet....

Oder Komiker **Beat Schlatter,** der das Interview gar nicht komisch fand, und dem die Fragen bezüglich Kiffen und Einsamkeit so zugesetzt hatten, dass er danach das Studio mit hängenden Schultern verliess. So lud ich ihn auf ein Bier ein, dann auf ein zweites und die Moral war schon wieder gestiegen...

Oder Märlitante **Trudi Gerster** – trotz reifen Alters erfrischend eitel geblieben – hatte darauf bestanden, beim Gespräch auf einem Schemel zu stehen, damit sie neben mir ja nicht zu klein wirke...

Oder Theaterdirektor **Michael Schindhelm,** über den mir rückblickend ausser seinen blauen Augen partout einfach nichts mehr einfallen will...

Oder Zigarrenbaron **Ernst Schneider,** dem ich es des Gestankes wegen untersagt hatte, eine Zigarre anzuzünden und der dann die ganze Zeit über mit der Davidoff in der Hand dergleichen tat, als ob er rauchen würde...

Oder Komiker **Marco Rima,** der nicht in der Lage war, eine spontane Kostprobe ernster Natur zu geben, mich jedoch mit seinen Sprüchen so zum Lachen brachte, dass mir das Make Up herunterlief und ich die Sendung mit schwarzen Spuren auf den Wangen zu Ende moderierte. Am nächsten Tag erhielt ich einen Anruf von einer Kosmetikfirma...

Oder Zirkusdirektor **Franco Knie,** der mich und den Kameramann nach der Aufzeichnung zu einem Drink in seinen Wohnwagen einlud, wo ich neidisch feststellen musste, dass das rollende Gefährt fast so gross wie meine ganze Wohnung war. Frustriert hatte mich dies damals über meinen Job als Moderatorin nachdenken lassen...

Oder der Laufener Musicstar **Piero Esteriore,** der – gefragt nach dem Unterschied zwischen seiner Mama und seiner Freundin – erklärte, die Mama sei halt die Mama, und die Freundin eben die Freundin...

Oder das Model **Christina Surer,** die bei meinem Anruf den Anker irgendeines Schiffs am Einziehen war, auf dem sie gerade mit Jörg Marquard verweilte und deshalb so ausser Atem antwortete, dass ich nur die Worte «....komme ....sms ...wann» verstehen konnte, auf diesen basierend dann das Interview zustande kam...

Oder Ex-Airlinechef **André Dosé,** der zwar Spass am Gespräch hatte, seine Ansage im Trailer jedoch doof fand und lachend fragte, ob er diesen Mist wirklich in die Kamera sprechen müsse…

Und schliesslich der Presseverantwortliche von UBS-Chef **Marcel Ospel,** der mich wissen liess, dass Herr Ospel «schlicht eine Nummer zu gross» für meine Sendung sei…

Nachwort

«Indiskret» seien die Fragen von Tamara Wernli und «unter der Gürtellinie». Das sagen Kritiker der Sendung ‹CineBâle›. Haben sie recht? Ja. Tamara stellt öffentlich Fragen, die man in der Region Basel nicht öffentlich stellt.

Nur schon der Begriff «unter der Gürtellinie» klagt politisch korrekt an. Aber wenn der Gürtel die Mitte des Körpers umgibt, dann sind nur 50 Prozent über der menschlichen Gürtellinie. Die ganzen restlichen 50 Prozent sind unterhalb. Wie kann man jetzt vom Fernsehen verlangen, dass es die Hälfte des Lebens verschweigen und zensurieren soll? Wer kann das wollen? Und wieso?

Die Konsumenten, welche die Medien bezahlen, haben ein Anrecht darauf, Konkretes über die Götter und Ikonen des öffentlichen Lebens zu erfahren. Immerhin dringen diese auch in die hintersten Winkel unserer Psyche ein.

Verführerische Wahlplakate. Unübersehbare Bauten von ambitionierten Architekten. Lebenspartnerinnen von Fussballlegenden. Werbestrategien, die auf den Unterleib zielen und dabei unsere Kreditkarte treffen. Sanft eingefädelte Steuern. Opportune Hinterzimmeradvokaten für schwierige Betriebs- und Baubewilligungen. Geldhahnaufdreher (und -Zudreher) bei Stiftungen und Pensionskassen. Publikumsmagnete am Spalenberg. Verhinderte Subventionskürzungen am Theater. Pensionierte Top-Manager, die erst in drei Monaten von ihrer Ferienreise nach Malaysia zurückkehren. Hinter alldem stecken Strategien, Deals und Karrieren. Finanziert von uns ahnungslosen Normalos. Ein clever gemanagtes Spiel mit unseren Träumen, Albträumen,

Ohnmachtsgefühlen und mit unseren Tabus – und oft mit unserem Geld. Intim, geräuschlos und oftmals nicht nordwärts der Gürtelhöhe.

Die prominenten Interviewgäste wissen das. Sie setzen sich bewusst dem Risiko heisser Fragen aus. Sie wissen, dass sie als Projektionsfläche für unreflektierte Fragen der Öffentlichkeit herhalten müssen. Dafür gebührt ihnen sogar Respekt.

Fazit: Journalisten sollten indiskrete Fragen stellen können. Nur tun sie es meistens nicht – aus Angst, dass man aus Angst vor ihren Fragen die Gürtelline taktisch auf Halshöhe anlegt. Deshalb braucht es FragestellerInnen wie Tamara.

Willy Surbeck,
Chefredaktor Telebasel